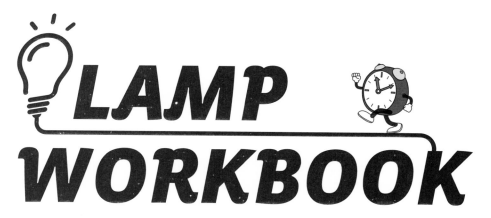

LAMP WORKBOOK

PART 2 TE
Time management
Enhancement Program

시간관리 능력
향상 프로그램

박동혁 저

학지사

수많은 색과 특징을 가진 씨줄과 날줄이 얽히고설켜 옷 한 벌이 만들어지듯이, 학업성취 역시 한 개인이 가지고 있는 다양한 특성들의 복잡한 조합에 의해 결정됩니다. 이 중에는 지능이나 환경 혹은 기질과 같이 비교적 변화의 폭이 좁은 결정적 요소도 있고, 기초학습이나 공부습관 동기수준과 같이 경험에 의해 결정되는 요소도 있습니다. 결국 공부를 잘하고 못하는 것은 이런 요소들이 상호작용한 총량으로서의 학습능력에 의해 좌우되는 것입니다.

그런데 우리가 주목해야 할 보다 중요한 사실은 학업성취는 명백히 '능력'보다 '태도'가 결정한다는 점입니다. 학습문제를 가지고 있는 많은 학생들은 '능력' 그 자체의 결핍보다는 그 능력을 제대로 활용하지 못하거나 인식하지 못하는 문제를 안고 있습니다. 오늘날 우리가 학습에 있어 가장 중요한 요소로 인식하고 있는 '자기주도적 학습'은 '능력'의 문제가 아니라 '태도'의 문제를 강조하고 있음을 기억해야 합니다.

MLST는 그 변화의 여지를 찾고자 만들어진 검사로, 학습의 능력과 태도에 있어 변화할 수 있는 간격의 크기를 확인해 줍니다. 오른손잡이가 다음 날 왼손잡이가 되는 것 같은 변화는 일어나지 않지만, 연습을 통해 오른손이 하던 일을 더 잘하게 하고 왼손이 못하던 일을 조금 더 할 수 있게 만들 수는 있습니다. 공부습관도 마찬가지입니다. 조금 더 잘하게 만들 수 있는 그것을 하지 않고 있는 것은 아닌지 고민해 보아야 합니다.

'작은' 변화라는 것이 정말 작은 것일까요? 수백수천 번 반복된 습관을 바꾼다는 것은 매우 어려운 일입니다. 하지만 그 작음이 우리의 삶을 바꾸는 계기가 된다면, 우리는 그 작음을 '적극적으로' 찾아야 하고 별것 아닌 것 같은 변화를 위해 '꾸준히' 노력해야 합니다.

이 변화의 과정을 인도해 주는 프로그램이 있다면 변화의 속도는 더욱 빨라질 것입니다. 본 교재의 정식 명칭은 LAMP(Learning Ability Management Program) 워크북이며, 학습전략의 변화를 기본 목표로 구성되어 있습니다. 총 20회기(회기당 2시간 소요)의 프로그램이 크게 5개의 주제로 나뉘어 있습니다. 각 주제는 다음과 같습니다.

I. 동기 및 목표 향상 프로그램
ME 프로그램: Motivation Enhancement

: 동기향상을 위해 장기목표(진로탐색)와 단기목표(성적목표)를 내담자의 상황에 가장 적합하게 결정할 수 있도록 도와줍니다. 구성 내용에는 진로탐색을 위한 자기이해, 진로탐색검사의 활용, 진로의사결정, 진로 포트폴리오 만들기가 있습니다.

II. 시간관리 능력 향상 프로그램
TE 프로그램: Time management Enhancement

: LAMP 플래너를 기반으로 내담자의 목표설정과 실행능력, 계획능력을 향상시키는 다양한 기법을 배우고 훈련합니다. 구성 내용에는 시간관리의 문제점 파악하기, 시간관리의 핵심원칙 이해, 계획표 구성 훈련, 실천력 증진 전략이 있습니다.

III. 집중력 향상 프로그램
CE 프로그램: Concentration Enhancement

: 집중력을 극대화할 수 있는 다양한 기법들을 다룹니다. 구성 내용에는 학습환경의 구성, 수면과 컨디션 조절, 집중향상 전략, 수업 중 집중전략이 있습니다.

IV. 정보처리 능력 향상 프로그램
IE 프로그램: Information process Enhancement

: 상위인지전략(Meta-Cognition)을 기반으로 한 학습전략을 주제별로 다루게 됩니다. 구성 내용에는 노트필기 기술, 책읽기 기술, 기억전략, 기억술이 있습니다.

V. 시험준비 능력 향상 프로그램
EE 프로그램: Examination preparation Enhancement

: 시험을 체계적으로 준비하는 능력을 향상시키기 위한 기법들을 다룹니다. 구성 내용에는 시험준비의 기본 원칙, 시험계획 세우기, 시험불안 줄이기, 오답노트의 활용방법이 있습니다.

2010년 이 책이 소개된 이후 많은 학생들에게 이 프로그램의 내용이 적용되고 검증되었습니다. 또한 학습클리닉 전문가 과정을 통해 현장에서 적용하고 계신 많은 선생님들의 피드백을 통해, 다음과 같이 내용을 수정ㆍ보완하여 2014년 새롭게 출간하게 되었습니다.

첫째, 주제의 재구성; 자기주도학습 프로그램의 핵심 구성요소를 재검토하여 기존 프로그램에서 적용 효과가 낮다고 판단된 내용들을 삭제하고, 현장 검증을 통해 확인된 보다 구체적이고 효과적인 내용들로 재구성하였습니다. 이를 통해 전체 프로그램 내용의 약 40% 정도가 수정 및 보완되었습니다. 또한 기존 프로그램의 분량이 다소 많아서 학교 현장에서 적용이 어렵다는 피드백을 토대로 각 회기를 2시간 안에 여유 있게 진행할 수 있도록 핵심 내용 위주로 정리하였습니다.

둘째, 사용의 용이성; 프로그램의 흐름과 역동을 쉽게 이해할 수 있도록, 교사용 지침서의 각 페이지 우측 상단에 해당 과제의 단계를 이니셜로 표시하였습니다. 또한 해당 과제의 적절한 소요 시간을 분 단위로 표시했습니다. 예를 들어, 'A1 10m'라는 표시는 '인식단계의 첫 번째 과제이며 약 10분 정도가 소요됨'을 뜻합니다. 각 단계의 의미는 다음과 같습니다.

① Awareness(인식단계, 교재에는 ❓ 아이콘으로 표시); 해당 주제의 필요성과 문제점을 통찰하는 과정으로 회기 초반에 주로 구성되며 상담적 기법(Counselling)이 적용되는 단계.
② Choose alternatives(대안탐색 단계, 교재에는 ❗ 아이콘으로 표시); 문제점에 대한 인식을 토대로 이에 대한 효과적 해결책을 배우고 이해하는 단계로 회기 중반에 구성되며 교육적 기법(Education)이 적용되는 단계.
③ Take action(연습/훈련 단계, 교재에는 ✅ 아이콘으로 표시); 문제해결을 위한 대안을 적용하고 연습하는 단계로 주로 회기 후반부에 구성되며 훈련 기법(Training)이 적용되는 단계.

셋째, 각 프로그램 관련 이론 추가; 교사나 학습클리닉 전문가가 각 프로그램을 좀 더 깊이 이해하여 학생들의 학습전략의 변화를 이끌 수 있도록 프로그램과 관련한 주요 이론들을 간략하게 정리하여 교사용 워크북에 추가하였습니다.

넷째, 디자인 교체; 구성의 통일감을 높이고 학생들의 흥미를 높이기 위해 전체 삽화를 주제별로 정리해 500여 개 이상의 컬러 일러스트레이션으로 대체하고, 편집 디자인도 재구성하였습니다.

본 교재는 지난 1999년도부터 현재까지 마음과배움 연구진에 의해 수행된 200건 이상의 집단상담과 800례 이상의 개인상담 결과를 토대로 개발, 검증된 내용을 담고 있습니다. 앞으로도 지속적인 개정과 수정을 통해 국내에서 가장 정교한 학습프로그램이 되도록 발전시킬 예정입니다.

마음은 배움의 힘을, 배움은 마음의 힘을 키워 줍니다. 우리는 그 힘을 믿습니다.

심리학 박사 박동혁

CONTENTS

▶ **시간관리 능력 향상 프로그램의 이론적 배경**

I 자기주도 학습과 시간관리

II 학습계획의 원칙

LAMP WORKBOOK

▶ **시간관리 능력 향상 프로그램**

1
미래목표를 위한 첫걸음
단기목표 설정과 시간관리

2
중요한 일 먼저 하기
시간관리의 핵심원칙

3

효율적인 공부 계획표 내 손으로 만들기

플래너 작성

4

알뜰한 시간사용 노하우

실천력 향상 전략

시간관리 능력 향상
프로그램의 이론적 배경

Ⅰ 자기주도 학습과 시간관리

1. 자기주도 학습(self-directed learning)

1) 자기조절(self-regulation)이란

자기조절은 장기적 이득을 얻기 위한 목표지향적 과정의 필수요소다. 예를 들어, TV 시청, 게임하기처럼 즉각적인 만족을 추구하는 활동의 경우는 장기적인 노력이나 자기조절 과정이 요구되지 않는다. 그러나 공부와 같이 장기적인 이득, 목표를 지향해야 하는 행동에는 오랜 시간의 노력이 필요하기 때문에 자기조절을 하지 않고서는 목표에 도달하는 것이 불가능하다. 자기조절 과정에는 사고, 정서, 행동 통제의 과정이 포함된다. 해야 할 것과 하지 말아야 할 것, 당장 실천해야 할 일과 미루어도 되는 일을 구분하는 것, 우선순위를 부여하고 따르는 것 등은 모두 자기조절 과정이라고 할 수 있다.

자기조절 학습을 간단히 정의하면 학생이 자신의 학습과정을 스스로 판단, 조절, 평가하는 과정으로, 다음의 4단계(1단계-목표에 대한 심상, 2단계-행동적 계획, 3단계-자기 감찰·조절 과정, 4단계-수행평가)에 따라 이루어진다. 자기조절 학습은 실제 교육 장면에서 주로 자기주도 학습으로 표현되고 있으며, 본 교재에서도 '자기주도 학습'이라는 용어를 사용하겠다.

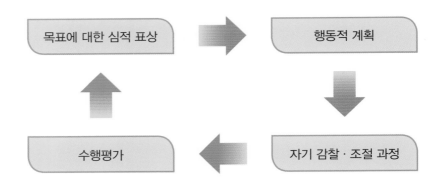

2) 자기주도 학습의 요소

위에서 설명한 자기주도 학습의 4단계에는 목표설정, 계획, 자기 동기화, 주의 조절, 학습전략의 적용, 자기 점검, 적절한 도움 탐색, 자기 평가/반성이 포함된다. 각각의 요소들을 좀 더 자세히 살펴보자.

(1) 목표설정(goal setting)

스스로 선택한 목표는 자기주도 학습의 중요한 부분일 뿐 아니라 학생들이 적절한 선택을 하고, 계속해서 노력하도록 이끌며, 주도성을 갖도록 돕는다. 그리고 궁극적으로 학생들은 남들이 자기에게 부과한 목표보다 스스로 설정한 목표를 달성하기 위해 노력하게 되므로 성공할 가능성이 높아진다.

자기주도 학습자는 자신이 무엇을 달성하기 위해 읽고 공부하는가를 안다. 예를 들어, 특정 사실을 학습하거나, 전반적인 이해를 원하거나, 때에 따라서는 단지 학교시험을 잘 보기 위한 지식을 획득하는 것만이 목적이 될 수 있다. 이들은 언제나 목표를 특정한 학습활동과 연결시켜 궁극적 목표에 도달하려고 한다. 대학에 가게 되면 마지막 순간까지 주요한 학습 과제를 놓치지 않기 위해 스스로 한계점을 정하기도 한다.

(2) 계획(planning)

많은 학생들이 어차피 해야 할 일이 정해져 있고 시간이 많지 않기 때문에 계획을 세울 필요가 없다고 생각한다. 그러나 연구 결과, 목표와 과제 수행의 우선순위를 결정하고 계획하고 조직화하여 학습할 때 더 좋은 결과를 기대할 수 있었고, 또한 시간관리를 잘하는 사람이 스트레스를 덜 경험하는 것으로 나타났다. 공부를 미루는 사람은 결국 전체 학습시간이 다른 사람보다 적고 학습동기도 낮다는 연구 결과가 있다.

자기주도 학습자는 학습과제 수행에 허용되는 시간을 최선으로 사용하는 방법을 결정할 수 있다. 학습과제와 관련하여 미리 계획을 세우고 그 목표를 달성하기 위해 시간을 효과적으로 사용하며, 대체로 어려운 자료에 더 많은 시간을 할애한다. 그렇지만 쉬운 자료라도 확인을 위해서 자세히 살펴보기도 하고, 주어진 시간 내에 처리하지 못할 만큼 어려운 자료일 경우에는 의도적으로 무시하기도 한다.

(3) 자기 동기화(self-motivation)

사람은 누구나 자신이 어떻게 행동해야 현재의 불만족스런 상황에서 벗어날 수 있는지 알지만, 막상 실천에 옮기는 것이 어려울 때가 많다. 이때 행동을 실천에 옮길 수 있도록 자신의 동기를 스스로 강화하는 것이 '자기 동기화'다.

동기적 요인이 자기조절에 영향을 미치기도 하지만 자기주도적 학습자는 자신의 동기를 어느 정도 통제하고 과제를 지속하기 위해 다양한 전략을 사용한다. 예를 들어, 과제를 재미있게 윤색하거나, 과제수행의 중요성을 끊임없이 되새긴다. 또한 걱정스런 생각을 머릿속에서 몰아내려고 자기 유능감을 부여하는 격려의 말("전에도 이것을 잘했으니까 다시 잘할 수 있을 거야!")을 하기도 하고, 완수한 순간을 상상하기도 하며, 임박한 시험을 위협적인 사건들로 생각하기보다는 극복할 수 있는 도전으로 생각하려 애쓴다. 그리고 좌절을 경험한 뒤에도 빨리 회복하며, 새로운 노력을 기울여서 다음번에 성공할 수 있을 것이라는 낙관성을 가질 만한 이유들을 찾아낸다. 뿐만 아니라 자기주도 학습자는 해야 하는 과제나 공부를 먼저 완수한 후에 즐거운 활동을 하거나 완수했을 때 스스로 보상을 약속하는 등 만족을 지연시키기 위해 다양한 전략을 사용한다.

(4) 주의 조절(attention control)

상황에 맞게 주의를 잘 조절할 수 있는가의 여부는 정보처리의 효율성과 기억 및 학습 능력 향상에 직결된 중요한 문제다. 효율적인 주의 조절 능력은 개인이 변화하는 환경과 시간 속에서 자신이 추구

하는 목표를 성취할 수 있도록 과제에 집중하고 부정적인 정서를 효율적으로 관리하도록 해 준다.

자기주도적 학습자는 공부할 때 학습 과제에 주의를 최대한 기울이고, 집중할 수 있는 환경을 찾아내거나 조성한다. 예를 들어, 거실에서 공부하는 동안 TV를 끄거나 도서관의 조용한 구석 자리로 간다. 또한 현안에 주의를 집중하고 다른 잡념은 깨끗하게 없앤다.

(5) 학습전략의 적용(application of learning strategies)

학습전략이란 학습목표를 달성하기 위해 각 상황에 맞게 활용될 수 있는 의식적이거나 자동화된 활동들을 말한다. 학습상황에서 적절한 학습전략을 활용한다면 학습내용을 깊이 있게 이해하고 오래 기억할 수 있다.

자기주도적 학습자는 다양한 학습전략을 갖고 있고 이를 목적에 맞게 효율적으로 활용한다. 이들은 학습내용을 반복학습하거나 중요한 정보와 중요하지 않은 정보를 구별해 낼 수 있으며, 필요한 경우 기억하기 어려운 사실이나 목록에 대한 기억술을 사용하기도 한다.

(6) 자기 점검(self checking)

자기주도적 학습자는 학습활동의 목표를 달성하기까지의 진전 상황을 주기적으로 점검하고, 필요할 경우 학습전략을 바꾸거나 목표를 수정한다. 이들은 공부할 때 학습의 진행 정도와 과제수행에 적합한 활동이 이루어지고 있는지를 검토하며, 그 결과 실수가 발생하면 빨리 알아차리고 수정한다.

(7) 적절한 도움 탐색(seeking proper support)

자기주도적 학습자가 언제나 스스로 혼자 학습을 수행하는 것은 아니다. 자기주도적 학습자는 특정 주제나 기술을 숙달하고 촉진하기 위해 언제 전문가의 도움이 필요한지를 알며 그때가 되면 적극적으로 전문가의 도움을 찾아 나선다.

(8) 자기 평가 및 자기 반성(self-assessment & self-reflection)

자기주도적 학습자는 학습의 최종 결과에 대해서도 스스로 평가한다. 학습의 결과가 스스로 세운 목표에 충분한지, 자신의 학습전략이 어느 정도 성공적이고 효과적인지를 판단하고 미래 학습 상황에서 더 효과적일 수 있는 대안을 확인한다.

2. 자기주도 학습과 시간관리

1) 자기주도 학습과 시간관리의 관련성

시간관리의 개념은 관리(management)의 한 영역으로서 자기관리의 하위 영역에 속하며 넓은 의미에서는 주어진 일생의 기간을 생산적으로 활용하여 효과적인 삶을 살기 위한 수단이라고 할 수 있다. 한편 좁은 의미에서는 시간을 잘 조직하여 구체적인 목표를 달성하는 행위라고 할 수 있다.

즉, 매일의 일과에 대한 계획과 목표를 가지고 목록을 작성하며, 일의 우선순위에 따라 수행하는 것을 말한다.

시간관리 능력은 자기조절의 핵심이라고 할 수 있는데, 그 이유는 다음과 같다.

- 학습활동에 참여를 주도적으로 계획하고 시작하며 실행하는 역할을 하게 해 주는 원동력이 되는 시간관리 능력은 어떤 사람이 자신의 규칙을 세우고 스스로의 힘으로 자신의 규범을 선택할 수 있는 능력을 의미한다.
- Zimmerman과 Martinez-Ponz(1992)에 따르면 시간을 효과적으로 관리한다는 것은 특정한 목표를 세우고, 결과에 필요한 전략을 사용하고, 할당된 시간 동안 과제를 학습함에 있어 효능감을 경험해야 하는 것을 말한다. 이들은 이러한 과정이 제대로 일어나지 않게 되면 행동, 환경, 자기조절 과정에서 문제가 나타나게 된다고 주장하였다.
- 김동일(1995)은 자신의 연구에서 시간관리를 통해 스스로 자신의 단기, 중기, 장기의 목표를 설정한 후 계획을 세우고 실천하고 자기 점검을 꾸준히 함으로써, 자신의 생활과 활동을 통제하고 관리하는 능력 역시 높아지게 된다고 설명하고 있다.

이렇듯 자기조절 능력과 시간관리 기술과는 밀접한 연관성이 있으며, 시간관리를 어떻게 하는가에 따라 자기주도적 학습의 효과가 달라진다. 그렇다면 어떤 이유에서 시간관리가 자기주도 학습에 필수적인 역할을 하게 되는 것일까?

(1) 목표의 수립은 시간관리의 전제조건이 된다.

자기주도 학습이 일어나기 위해서는 목표가 필요하고, 목표를 세우는 것은 시간관리의 전제조건이 된다. 다시 말해, 목표는 "왜 계획을 세워야 할까? 왜 계획을 지켜야 할까?"라는 물음에 답이 될 수 있다. 이때의 목표는 개인에게 아주 중요하고 의미 있어야 한다.

(2) 활동계획을 목표 지향적으로 세울 수 있다.

목표가 뚜렷하게 수립이 되면 계획을 세울 때 목표 지향적으로 세울 수 있다. 아무리 거창한 계획이라고 해도 무엇을 위해 하는지가 빠져 있다면 좋은 계획이 될 수 없고, 자기조절이 일어나기 어렵다.

(3) 행동적 목표를 자극한다.

시간관리는 행동적 목표를 자극한다. 시간을 어떻게 사용하고, 그 시간 동안 어떤 활동을 할 것인지를 계획하는 과정에서 두루뭉술한 목표가 아니라 구체적인 목표를 세울 수 있게 된다.

(4) 최단기 목표를 설정하도록 돕는다.

시간관리를 하는 것은 지금 주어진 시간을 어떻게 쓸 것이냐의 문제이기 때문에 장기목표를 달성하기 위해 필요한 최단기 목표를 설정할 수 있도록 도와준다. 일주일 또는 하루 중 언제 공부하고 언제 쉰다는 것을 구체적으로 계획하면 공부를 시작할 때 지금 무엇에 집중해야 하는지, 언제 쉴 수 있는지를 알기 때문에 꾸물거리지 않고 쉽게 학습궤도에 진입할 수 있다.

(5) 행동 판단의 명확한 근거를 제공한다.

자기조절 과정에서는 자기 감찰이 중요한데, 구체적인 계획은 자신의 행동을 판단하고 평가할 수 있는 근거 및 기준이 될 수 있다.

(6) 목표 수행 과정을 가시적으로 만들 수 있다.

가치 있는 목표일수록 장기적인 노력이 요구되는데 이러한 노력이 길어질수록 답답하고 포기하고 싶은 마음이 들 때가 있다. 그러나 그날그날 혹은 그 주에 해야 할 하위목표만 잘 설정하고 계획한다면, 목표가 이루어지는 과정이 눈에 보여 훨씬 덜 지루하고 성취감이 높아져서 너무 멀게 느껴져서 명확하게 다가오지 않는 장기목표를 달성하는 데 도움을 준다.

(7) 수행 실패 시 원인분석과 효과적인 대안 탐색이 쉽다.

계획이 없으면 실패했을 경우 왜 안 되는지를 분석하는 것이 불가능하다. 계획표를 사용해 꾸준히 시간관리를 하게 되면 어떤 이유에서 계획이 지켜지지 않는지(예: 갑작스러운 일정 변경, 지나치게 많은 분량을 정함, 미루기 등)를 알아낼 수 있고, 다음 계획 시 더 효과적인 대안을 찾아내기 쉽다.

2) 시간관리와 학업성취와의 관련성

시간관리는 학업성취에 어떤 영향을 줄까? 시간관리는 학습에 있어서 매우 중요하다. 여러 연구에서, 공부의 전체 시간보다 짧은 시간이라도 계획적으로 공부하는 것이 학업성취에 영향을 끼친다는 결과가 나온 것처럼 시간의 질적 관리는 학교 교육에서 학생의 생활 관리와 학업성취와도 밀접한 관계가 있어 학습전략의 한 방법으로 사용되기도 한다. 시간관리와 학업성취의 관계를 연구한 선행연구 결과를 몇 가지 살펴보면 다음과 같다.

- Britton과 Tesser(1991)의 연구 결과, 대학생의 학점을 예언하는 데 대학입학 시의 성적(SAT)보다 시간관리 능력이 더 높은 설명력을 갖는다고 한다. 또한 시간을 적절하게 분배하지 못하거나 벼락치기를 해서 시험을 보는 등 시간관리를 제대로 하지 않는 것은 스트레스나 낮은 학업 성취의 원인이 되었다(Gall, 1988; Longman & Atkinson, 1988).
- Peniston(1994)은 학습장애를 겪고 있는 대학생들은 대부분 쉽게 주의가 분산되고, 우선순위를 잘 정하지 못하며, 너무 많은 것을 이루려 하고, 꾸물대고, 서투른 공부 방법을 사용하며, 과업 수행에 필요한 시간의 양을 과소평가하는 경향이 있다고 하였다.
- 홍성임(2005)의 연구에서는 중학생들의 시간관리 수준과 학교생활 적응의 관계에서 시간관리가 잘되는 학생들이 자기 효능감이 높고 학교생활에 적응을 잘하는 것으로 나타났다. 즉, 시간에 대한 중요성을 깨닫고 효과적으로 시간을 관리하여 하고 싶은 일들 가운데 중요도와 긴급도를 인식하고, 순서를 정하고 계획을 세워 일을 처리하는 학생들이 교사, 친구, 수업, 각종 행사, 규칙 등 학교생활에서 전반적으로 더 잘 적응하는 것으로 나타났다. 즉, 시간관리를 잘하는 학생들이 학교생활 전반에 걸쳐 적응도 잘하고 성적도 좋다는 것을 시사한다.
- 본 기관에서 서울시 중고생을 대상으로 한 연구에서도 시간관리 능력이 우수한 학생이 그렇

지 않은 학생에 비해 성적이 <u>중상위권에 속하는 비율이 3배 이상 차이</u>가 있었다.

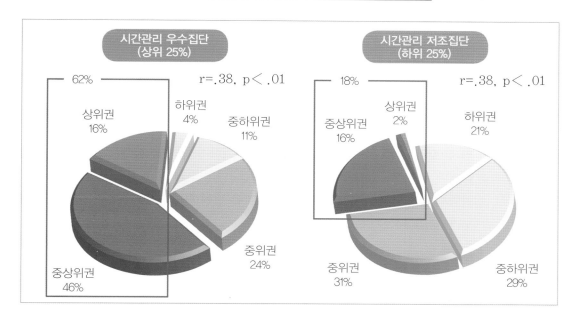

- 2010년 서울시 교육청의 지원하에 본 기관에서 진행한 '사교육비 경감을 위한 자기주도 학습 확산방안 연구'에서도 서울시 내 3개 고등학교 1학년 학생들을 대상으로 총 20주에 걸쳐 시간관리 훈련을 한 결과, 자기주도 학습능력을 나타내는 자기주도 학습 지수(LQ)에서 평균 9.1%의 향상을 보였고, 약 2.5%의 성적 향상 효과가 있었던 것으로 확인되었다. 또한 프로그램 참가 전 주당 평균 4.1시간이었던 학습량이 프로그램 사후에는 주당 평균 10.7시간으로 6.6시간이 증가(260%)된 것으로 나타났다.

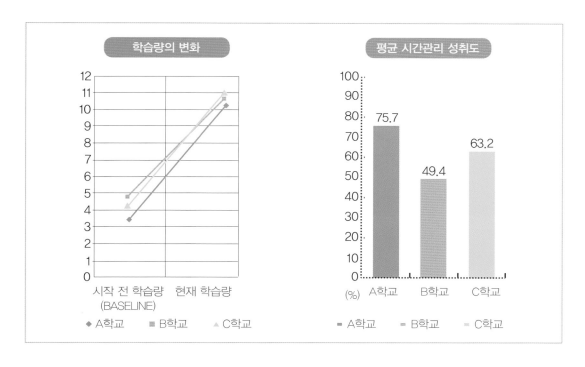

2장

학습계획의 원칙

1. 시간관리의 구성개념

시간관리의 요소에 대한 의견은 학자마다 다양한데, Britton과 Glynn(1989)은 목표와 하위목표 선택하기, 목표의 우선순위 정하기, 목표로부터 과제와 하위과제 만들어 내기, 과제에 우선순위 부여하기, 할 일 목록 만들기, 과제를 계획하기, 과제를 실행하기 등이 시간관리에 포함된다고 하였다. 또한 Macan(1990) 등은 시간관리의 구성개념으로서 목표 욕구를 구체화하기, 우선순위에 따라 분류하기, 시간과 자원을 할당하기, 한 번에 하나씩 일을 끝내기, 일을 할 때 다른 사람에게 넘겨주어도 되는 일은 위임하기 등을 꼽았다.

1) Britton과 Glynn(1989)이 설명한 시간관리의 요소

- **목표와 하위목표 선택하기**: 인생에서 어떤 일을 이루기 위해 목표를 세운다는 것은 어렵고 복잡한 일이다. 그러나 학생들의 경우에는 숙제나 시험준비와 같이 구조화되고 비교적 결과가 명확한 일들을 많이 하므로 이러한 것들을 세부 목표로 나누는 연습을 한다면 시간관리의 기초 능력을 갖추게 될 것이다.
- **목표의 우선순위 정하기**: 인생에서의 목표는 여러 가지가 있을 것이다. 공부할 때는 학습자체가 목표가 되지만 친구들과의 관계나 자신이 원하는 활동 역시 목표가 될 수 있다. 또한 학업에서도 더 우선시해야 할 공부들이 있다. 따라서 어떤 목표를 나의 최우선 순위로 삼을 것인지를 정해야 하고, 여러 개의 목표들에 순서가 있어야 한다.
- **목표로부터 과제와 하위과제 만들어 내기**: 목표로부터 구체적인 할 일, 즉 과제가 나와야 한다. 이는 목표설정의 다음 단계다. 장기목표가 단기목표로 나뉘고 단기목표가 행위들로 구성되게 만드는 것이다. 예를 들어, 다음 시험성적을 올리는 것을 목표로 한다면 과목별로 사회를 80점 이상 맞겠다는 하위목표가 생긴다. 하위목표를 달성하기 위해 예습이나 EBS 강의 시청 등의 과제를 뽑아 낼 수 있어야 한다.
- **과제에 우선순위 부여하기**: 과제도 한두 가지가 아니므로 과제와 할 일에 우선순위를 부여하여 순차적으로 접근할 수 있어야 한다. 그렇지 않으면 일이 많을 때에 무엇부터 해야 할지 몰라 우왕좌왕하게 된다.
- **할 일 목록 만들기**: 눈으로 볼 수 있도록 to-do list(할 일 목록)를 짜야 하고 오늘 안에 끝내야 할 일은 무엇인지 알아야 한다.
- **과제를 계획하기**: 과제들을 시간에 맞춰서 계획할 수 있어야 한다.
- **과제를 실행하기**

2) Macan 등(1990)이 설명한 시간관리의 요소

- **목표와 욕구 구체화하기:** 욕구가 있기 때문에 목표가 생기고, 목표가 있어서 과제가 발생하는데 이 과정이 매우 상세화, 구체화되어 있어야 한다. 장기목표뿐만 아니라, 몇 주 안에 달성해야 할 단기목표들도 구체적으로 설정해야 한다. 구체적인 목표라면 언제 어디서든 남에게 설명할 수 있고 이해시킬 수 있어야 한다.
- **우선순위에 따라 분류하기:** 해야 할 일들의 우선순위를 정하고 그에 따라 순차적으로 처리할 수 있어야 한다.
- **시간과 자원을 할당하기:** 시간과 자원은 한정되어 있으므로 그냥 무작정 써 버리는 것이 아니라 적절하게 할당해서 써야 한다.
- **한 번에 하나씩 일을 끝내기:** 여러 가지를 동시에 하려고 하다 보면 집중력이 떨어지고 한 가지에 몰입하지 못하게 된다.
- **위임하기:** 일을 할 때 다른 사람에게 넘겨줘도 될 일은 넘겨준다. 학생들의 경우는 위임할 일이 많지 않으나, 성인들에게는 많이 적용되는 부분이다. 학업으로 생각해 본다면, 시간이 많지 않을 때 혼자 모든 것을 다 이해하고 암기하려고 하기보다는 좋은 선생님들의 강의를 구해서 듣는 것도 하나의 방법이 될 것이다.

두 연구자의 의견을 종합하여 보면 시간관리에는 구체적이고 단계적인 목표의 설정, 해야 할 일에 대한 우선순위를 정하는 것, 주어진 과제에 투여할 시간을 결정하여 계획을 세우는 것이 포함됨을 알 수 있다.

3) Stephen Covey의 시간관리

시간관리의 개념과 그 필요성을 가장 대중적으로 알린 학자로 Stephen Covey를 꼽을 수 있다. 『성공하는 사람들의 7가지 습관』의 저자로도 유명한 스티븐 코비는 시간관리를 4세대적 구분법으로 나누어 설명하고 있다. 제1세대는 '비망록'에 기초를 두고 '순서에 따라 하는' 시간관리 세대로서 자기가 하고 싶은 일을 모두 기록하여 다니면서 완성하여 끝내고 나면 리스트에서 삭제하는 것이다. 제2세대는 '계획과 준비'를 하는 시간관리 세대로 캘린더와 약속 수첩을 사용하는 것으로 제1세대보다 약속을 더 잘 지키며, 책임감과 시간관리의 효율과 효과가 증대해지고 성과가 향상되는 장점을 가지고 있다. 제3세대는 '계획하고 우선순위를 정하고 컨트롤 하는' 것이다. 제4세대는 1, 2, 3세대의 장점을 모두 포함하면서 가장 소중한 것을 찾고 생활에서 먼저 할 수 있는 핵심적인 아이디어 창출을 하는 것으로 제4세대의 필요성을 제기하고 있다. 제4세대 시간관리의 근본적 초점은 시간관리 매트릭스이다. 어떤 활동을 '긴급성'과 '중요성'으로 나누어 시간을 네 가지로 분류하는 것으로, 다음의 우선순위 파트에서 자세히 설명하도록 하겠다. 스티븐 코비는 시간관리를 실천에 옮기기 위해서는 우선순위를 결정하는 능력, 우선순위에 따라 준비하고 계획하는 능력, 그리고 우선순위의 실행계획을 수행하는 실천력과 자제력이 필요하다고 말하고 있다.

2. 우선순위와 파레토 법칙

1) 우선순위

(1) 우선순위를 세우는 기준

목표를 세우고 나면 삶에 순서가 생긴다. 이것을 우선순위 세우기라고 하는데 우선순위를 세울 때는 두 가지 기준만 기억하면 된다. 하나는 '얼마나 더 중요한가?' 하는 것이고, 다른 한 가지는 '얼마나 급한가?'다. 그렇다면 '중요하다' 와 '중요하지 않다'는 어떻게 나눌 수 있을까? 중요한 일은 목표와의 관련성이 높다. 따라서 일의 중요도를 정하기 위해서는 반드시 내 목표가 무엇인지 미리 결정하는 것이 중요하다. 만약 자신이 세운 목표가 '국어 점수 10점 향상시키기'라면 그 목표와 관련된 일이 중요한 일이 되고, 목표와 별로 관련이 없는 TV 보기는 별로 중요하지 않은 일이 된다. 급한 일의 기준은 그 일을 반드시 끝마쳐야 하는 시간 즉, 마감시간이 얼마나 멀고 가까운지의 여부로 결정할 수 있다. 가령 내일까지 해야 하는 숙제가 있다면 그것은 급한 일에 해당되는 것이고 다음 주에 있을 수행 평가 준비는 시간상 덜 급한 일로 나눌 수 있다.

(2) 중요도와 긴급도에 따른 우선순위

중요도와 긴급도에 따라 우리가 하는 일들을 다음의 네 가지로 나누어 볼 수 있다.

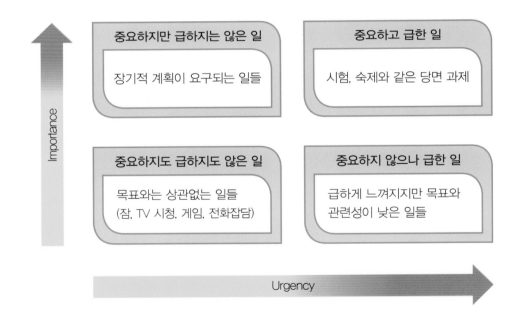

중요하면서도 급한 일은 시험, 숙제와 같은 당면과제로 볼 수 있고, 중요하지만 급하지 않은 일은 체력관리라든가 개인적인 역량 향상을 위해서 오랫동안 노력해야 되는 사안들이다. 중요하지 않지만 급한 일들은 괜히 마음만 급하게 만들고 실제로는 내 목표와 관련이 없는 일들이다. 중요하지도 급하지도 않은 일은 시간을 때우려고 하게 되는 일들을 말한다. 순서를 정한다면 중요하고 급한 일이 1순위가 되며 중요하지만 덜 급한 일이 2순위, 중요하지 않지만 급한 일, 중요하지도 않고 급하지도 않은 일이 각각 3, 4순위가 된다. 급할수록 해야 하는 일의 순서를 정해서 하나씩 하나씩 해 나가야 결국 하고자 하는 일을 모두 완수할 수 있다.

2) 파레토 법칙

파레토 법칙은 원래 경제학 법칙으로 80:20 법칙이라고 하기도 한다. 이것은 '전체 결과의 80% 가 전체 원인의 20%에서 일어나는 현상'을 가리킨다. 이탈리아의 경제학자 파레토는 전체 인구의 비중과 그들이 소유하고 있는 부의 정도 사이에 어떤 규칙이 있음을 발견했다. 대략 전체 인구의 20%가 전체 부의 80%를 차지하고 있다는 것이다. 이러한 원리를 발견한 사람의 이름을 따서 '파 레토의 법칙' 혹은 '80:20 법칙'으로 부른다. 이것은 어느 시대, 어느 국가를 막론하고 나타나는 현 상이라고 할 수 있다. 파레토 법칙의 예는 다음과 같다.

- 국내 총생산의 80%는 인구의 20%가 만들어 낸다.
- 어떤 회사의 총수익은 제품의 20%에서 발생한다.
- 백화점 전체 매출의 80%는 20%의 고객에 의해 발생한다.
- 전체 통화시간의 80%는 아는 사람의 20%와 이루어진다.

파레토 법칙은 우리의 삶과 시간관리에도 직접 연결이 된다. 사람들이 하루 동안 하는 일들 중 중요도 80%의 일들은 하루 동안 일하는 시간의 20% 동안에 이루어진다. 즉, 하루가 24시간이니 이 중에서 4~5시간에 해당되는 것이다. 이 시간 동안 해야 할 일을 놓치게 되면 성취가 줄어든다. 거꾸로 얘기하면, 살면서 우리는 여러 가지 것들을 소소하게 신경 써야 하지만 적어도 하루에 4~5 시간은 지속적으로 한 가지에 시간을 들여야 성취해 낼 수 있다는 것이다.

3. 학습계획의 기본 전략과 시간관리의 실패 원인

1) 학습계획의 기본 전략

누구나 나름대로 자기만의 학습계획을 가지고 있을 것이다. 학습 계획의 일반적인 전략은 다음 과 같다.

- 1:2의 비율을 원칙으로 한다. 즉, 수업시간이 1시간이라면 이에 대한 학습시간을 2시간으로 정하는 것이 기본이다. 밥을 먹는 시간보다 소화를 시키는 시간이 더 길 듯, 지식도 그러하다. 식사 테이블 에 앉아 있는 시간이 수업시간이라면 공부한 내용을 소화시키기 위해 혼자 요약하거나 정리해 보 는 복습 시간이 더 많이 필요하므로 1:2 정도의 자기 학습시간을 가지는 것이 좋다.
- 효율이 높고 집중이 잘된다고 생각하는 시간에는 어려운 과목을 할당한다. 집중이 더더욱 필

요한 과목은 집중이 잘되는 시간에 해야 한다. 그 시간은 사람마다 다르므로 자신만이 알 수 있다.

● 한 번에 장시간 공부하는 것은 집중력과 효율성을 떨어뜨릴 수 있다. 한 시간 단위의 공부계획을 권장한다.

● 가능하면 매일 같은 시간에 습관적이고 체계적인 방법으로 공부한다. 어느 시간대에 공부한다는 패턴이 생기면 그 시간 즈음에 자동적으로 몸이 움직이게 된다.

● 수업 중간의 빈 시간이나 휴식 시간을 적극적으로 활용한다. 토막시간을 적극적으로 활용해서 이동시간이나 수업 직전과 직후의 2~3분이라도 제목을 훑어보거나 수업 내용을 잠깐 살펴보고 내용을 정리하면 도움이 된다.

● 유연성을 확보하기 위해 계획되지 않은 시간을 만든다. 갑자기 일이 생길 수도 있고 어떤 항목을 못 지킬 수도 있기 때문에 계획되지 않은 시간을 만들어서 유연하게 계획을 실천해야 한다.

● 시간의 압력은 질적으로 떨어지는 결과를 산출한다. 너무 빡빡하게 계획을 세우면 시간적 압력이 생기고 원하는 만큼의 결과를 내기 어렵다.

● 성격이 비슷한 과목을 연속적으로 공부하면 공부하는 내용 간의 간섭이 일어날 가능성이 있다. 유사한 과목을 연속적으로 공부하면 개념이 헷갈릴 수도 있고 지루해질 수도 있으므로 끊어서 교차 계획을 세우는 것이 좋다. 예를 들어, 사회와 도덕을 연속적으로 하기보다는 수학과 과학 등의 과목을 교차시켜 공부계획을 세우는 것이 좋다.

● 여가활동 시간의 계획을 잊지 않도록 한다. 여가활동은 학습의 연장선이라 할 수 있다. 잘 쉬어야만 공부도 잘된다. 그러므로 공부계획을 세울 때는 여가계획도 함께 세우도록 한다.

2) 시간관리의 실패 원인

우리가 시간을 효과적으로 관리하고 실천하려고 할 때 어려움을 주는 요인들이 많이 있다. 가장 흔한 것이 '미루기'인데 우리는 왜 미루게 되는 것일까? 여기에는 여러 가지 이유가 있겠지만, 일에 흥미가 없거나 실패하지 않을까 하는 두려움을 지니고 있거나 잘 안될 것이라고 지레 생각하기 때문에 미루게 된다.

한편, 절대 미루는 법이 없는 일들도 있다. 가령 사람들은 돈을 받는 일은 절대 미루지 않는다. 누구나 배고프거나 목마를 때 음식을 먹고 물을 마시는 것도 미루지 않는다. 이처럼 절실하게 해야 하는 일은 절대 미루지 않는 것이 인지상정이다. 이와 같은 사실로 미루어 볼 때, 어떤 일을 미룬다는 것은 '지금 그 일을 하기 싫다'는 감정에 사로잡혀 있다는 것을 의미한다. 그렇다면 시간관리를 실패하게 만드는 원인들에는 어떤 것들이 있는지 구체적으로 알아보자.

(1) 자신의 능력 범위를 벗어나는 계획

많은 사람들이 방학 때 거창한 계획을 세웠던 경험이 있을 것이다. 의욕만 앞서서 달성할 수 없는 무리한 계획을 세우면 시간에 쫓기듯이 허둥대다가 제대로 하지 못하게 된다. 또한 계획대로 다 지키지 못하면 해내지 못했다고 실망하고, 포기해 버리거나 다시 계획을 세우고 실천할 자신이 없어진다. 따라서 자신의 능력과 상황에 맞게 현실적인 계획을 세울 필요가 있다.

(2) 미루기

여러 가지 이유와 변명을 만들면서 미루게 되는 경우가 많다. 또한 이것저것 다른 일을 다 하다가는 지치고 힘들어 정작 해야 할 일을 하지 못할 수도 있다.

(3) 잘못된 습관

밥을 먹기 전에 물을 마신다거나, 양치질을 하기 전에 칫솔에 먼저 물을 묻히는 것 등은 사소하지만, 매일의 삶에서 반복되는 습관의 예다. 아침에 일찍 일어나 운동을 한다거나 잠들기 전에 독서를 하는 것과 같은 좋은 습관은 우리의 삶에 도움을 주지만, 흡연이나 늦잠, 나쁜 식사습관과 같은 것들은 장기적으로 커다란 해가 될 수 있는 나쁜 습관들이다. 나쁜 습관은 한번 형성되면 쉽게 없어지지 않을 뿐만 아니라 우리가 쉽고, 즐겁고 편한 일에 먼저 손을 내밀게 하며, 이런 과정을 통해 정작 중요한 일들을 미루게 한다.

(4) 망각

아무리 기억력이 좋은 사람이라고 하더라도 정신없는 일상에 시달리다 보면 해야 할 일을 자신도 모르게 잊어버릴 수 있다. 그러므로 계획을 세워 놓고 잊어버리는 경우를 방지하기 위해 메모를 하거나 핸드폰에 알람을 해 놓는 등 기억하기 위한 방편을 미리 만들어 놓아야 한다.

(5) 갑작스런 일정 변경

갑작스럽게 주어지는 일들을 우선적으로 처리하다 보면 시간관리가 잘되지 않는다. 이런 일이 자주 일어난다는 것은 결국 시간관리를 잘하지 못한다는 의미다.

(6) 낮은 동기, 목표의식

동기나 목표의식이 낮으면 시간계획을 세우더라도 잘 지켜지지 않는다. 지금 나의 목표는 무엇인지, 나에게 어떤 가치가 있는지 다시 한 번 생각해 보고 점검하는 것이 필요하다.

(7) 일 처리 방법을 모르는 경우

바빠서 허둥대는 사람을 보면 정말로 일이 많아서 바쁜 것이 아니라, 일을 어떻게 해야 할지 모르기 때문에 그러는 경우가 많다. 방법을 모르면 처리하기가 어려우므로 미리 수행전략을 세우는 것이 좋다.

(8) 피로감, 불안

모든 사람들은 때때로 스트레스를 경험하며, 사실 가끔은 어느 정도의 긴장을 느낄 때 약간 능률이 올라가기도 한다. 하지만 과도한 피로감이나 불안감은 육체적으로나 정신적으로 지치게 만들어 아무것도 하고 싶지 않게 된다.

4. 실천전략

계획의 실천은 누구에게나 부담스러운 일이며 의지가 부족하다는 것만으로 설명될 수 없지만, 실천력을 높이는 효과적인 원칙은 개인에게 맞는 행동적 전략을 찾는 것이며, 가급적이면 성공사례를 찾아내고 모델링을 시키는 것이 좋다. 효과적인 시간관리 행동은 단순한 인생 경험의 축적만으로 형성되는 것은 아니며, 관련 서적이나 매뉴얼을 통한 효과적인 방법의 습득과 더불어 효능감을 증가시킬 수 있는 수준까지 반복적인 실천이 따라야 한다.

1) 자기감찰 기법

누군가 행동을 관찰하거나 기록하기만 해도 사람들의 행동이 달라지는데 이를 '반응성 효과(reactivity effect)'라고 한다. 그리고 반응성을 유도하기 위해 자신의 행동을 관찰하고 기록하게 해서 행동을 수정하는 기법을 '자기감찰 기법(self-monitoring technique)'이라고 한다. 자기를 관찰하고 기록하게 되면 행동에서의 변화가 일어나는 이유는 다음과 같다.

- 행위를 관찰하는 것 자체가 그 행동을 더 나은 방향으로 변화시키는 경향이 있다.
- 자신의 행동과 그 행동에 영향을 미치는 원인을 관찰함으로써 자신을 더 효과적으로 관리할 수 있다.
- 관찰 결과가 피드백이나 보상으로 작용한다.

(1) 시간일기 작성하기

성인들도 물론 그렇지만, 스스로에 대한 인식과 통찰이 부족한 청소년기 학생들은 자신의 학습량과 투입한 시간을 과장하는 경향이 있다. 사람들이 자기가 사용한 시간을 정확하게 파악하지 못하는 이유가 무엇일까? 첫째, 사람의 기억력은 생각처럼 정확하지 못하기 때문이다. 둘째, 사람은 무언가를 평가할 때 가능한 자신에게 유리한 쪽으로 해석하고자 하는 욕구를 가지고 있기 때문이다. 그래서 '해야 하는 일'에 사용하는 시간은 과장하고, '하지 않아도 되는 일'에 낭비하는 시간은 과소평가하게 된다. 그래야 자신의 행위를 정당화할 수 있고, 자존심을 유지할 수 있기 때문이다.

따라서 시간을 효율적으로 관리하고 싶다면, 무엇보다 먼저 실제로 시간을 어디에 사용하고 있는지를 정확히 파악해야 한다. 학생들에게 시간관리 능력을 키워 주기 위해서는 학생 스스로가 자신을 정확하게 관찰하도록 가르치는 것이다. '시간일기'를 통해 하루, 그리고 일주일 동안의 활동과 거기에 투입된 시간을 구체적으로 모두 기록하게 한다.

시간일기를 작성하면 다음과 같은 효과를 일으킬 수 있다.

- **유용하게 사용할 수 있는 시간을 늘려 준다.** 평소 자신이 유용하게 사용하고 있는 시간을 얼마나 과대평가하는지를 알게 함으로써, 시간을 생산적으로 사용할 수 있는 방법을 찾게 된다.
- **낭비되는 시간을 줄여 준다.** 시간일기는 시간낭비 요인을 적극적으로 검토하게 하고, 이를 제

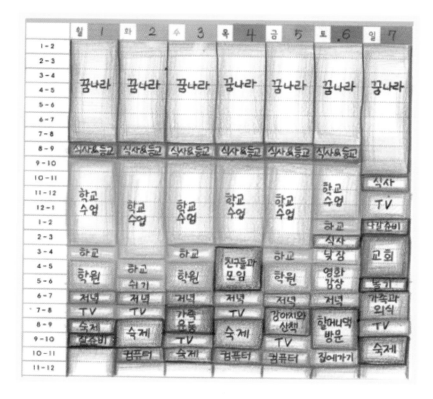

거할 대안들을 모색하게 해 준다.

● **계획적인 생활을 유도한다.** 시간일기 분석을 통해 시간을 낭비하지 않기 위해 어떤 계획을 세워야 하는지를 찾게 되고, 보다 계획적인 생활습관이 형성된다.

(2) 성취도 그래프 그리기

시간관리를 시작한 후에 적용해 볼 수 있는 자기감찰 기법은 성취도 그래프를 그려 실제 실천량의 증가를 확인할 수 있도록 하는 것이다. 실천도 그래프는 다음과 같은 공식으로 계산할 수 있다.

$$\frac{\text{실제로 지킨 계획의 수}}{\text{전체 계획의 수}} \times 100$$

만일, 한 주 동안 총 14개의 계획을 세운 친구가 총 10개의 계획을 실천했다면 실천도는 71.4%가 되는 것이다. 매주마다 실천량을 기록하여 살펴보고 실천이 잘 안 되었을 경우에는 원인을 파악하고 그에 대한 대안을 창출함으로써 대처할 수 있다. 이렇게 스스로 자신을 관찰하고 기록하는 과정을 통해, 결과 위주보다는 과정에 중점을 두고 목표를 달성하기 위해 얼마나 노력하였는지를 스스로 실천도 그래프를 통해 확인한다면 자신의 행동 변화에 대한 동기를 높일 수 있게 되어 실천력을 증진할 수 있다.

2) 행동 조절 기법

(1) 마감시간(deadline) 정하기

일반적으로 사람들은 시간이 많이 주어진다 하더라도 해야 할 일을 미리 하기보다는 허용되는 시간의 끝까지 연장하였다가 마지막에 가서야 일을 끝내는 경향이 있다. 이런 현상을 '파킨슨의 법칙(Parkinson's Law)'이라고 한다. 대개 좋은 성취를 보이려면 시간을 더 많이 투자해야 한다고 생각하는 사람이 많지만, 파킨슨의 법칙에 따르면 목표달성에 필요한 시간을 넉넉하게 잡는 것보다 다소 빠듯하게 잡는 것이 더 효과적이라는 것이다. 따라서 효율적인 시간 관리를 위해서는 가급적 어떤 일을 완수하는 데 들이는 시간 간격을 짧게 제한하는 것이 좋다.

정확한 마감시간을 설정한 후 공부를 시작하면, 제시간에 끝내기 위해 두뇌는 긴장하기 시작하며, 에너지를 집중시키기 시작한다. 공부시간은 대개 한 시간을 기준으로 하여 40~50분 공부하고 10~20분 휴식하도록 계획하는 것이 좋다.

(2) 자기보상과 자기처벌(self-reward & self-punishment)

자신을 변화시킬 수 있는 가장 강력한 방법 중 하나는 '자기보상'이다. 사고 싶은 물건이나 하고 싶은 일을 잠시 접어두었다가 계획한 일을 잘 실천하였을 때 스스로에 대한 상으로 그 일을 하게 되면 미루는 습관에서 보다 효과적으로 벗어날 수 있다. 미루기를 막는 또 다른 방법은 '자기처벌'이다. 계획한 일을 마감시간 내에 끝내지 못하면 자신이 평소에 즐기는 일을 하지 않거나 싫어하는 어떤 일을 하는 것이다.

(3) 계획을 공개하기

'매일 집에 오자마자 2시간씩은 복습해야지.'라고 속으로 다짐하는 것보다 "내일부터 반드시 2시간씩 복습을 하겠습니다."라고 가족들에게 계획을 공개하는 것이 실천 가능성을 높여 준다. 계획을 성공적으로 실행에 옮기고 싶다면 다른 사람에게 선언하는 것이 도움이 된다. 특히 잘 보이고 싶은 사람이나 체면을 지켜야 되는 사람 앞에서 공개적으로 선언하는 것이 좋다. 왜냐하면 사람들은 좋아하는 사람들이나 체면을 지켜야 되는 사람들 앞에서는 더욱 자기 말에 책임을 지려고 하기 때문이다.

3) 사고 조절 전략

(1) 이성적 자기말

'남들도 다 이럴 거야.' '까짓 거 다음번에 다시 하면 되지.' '이번만 기회인가 뭐.'라고 하며 스스로의 게으름에 대해 변명을 하면 막상 다음 기회가 와도 비슷한 생각을 하고 실천하지 못하게 될 가능성이 높다. 따라서 스스로를 객관화하여서 이성적 통찰을 하게 되면 이런 것들을 무력화시킬 수 있다.

(2) 긍정적 자기진술

자기 또는 상황에 대한 부정적인 생각은 부정적인 감정과 부정적인 행동을 만들어 낸다. 예를 들어, '난 한 번도 계획표를 다 지켜 본 적이 없어.'라고 생각하게 되면, 곧바로 '해 봤자 되겠어? 저번에도 실패했는데.'라는 생각을 낳고 결국은 할 수 있는 일조차도 포기하게 만들 것이다. 시간관리에 성공하기 위해서는 스스로에게 동기를 제공할 수 있는 낙관적인 생각들을 말하는 것이 좋다. 예를 들어, '이 일은 내가 오랫동안 하고 싶어 했던 거야.' '난 잘 해낼 수 있어.' 등의 긍정적인 자기진술을 통해 계속해서 스스로를 격려하는 것이 중요하다.

(3) 현재에 초점 맞추기

'결과가 안 좋으면 어떡하지.' 와 같이 아직 일어나지 않은 결과에 대해서 부정적인 예측을 하는 것은 오히려 그 자체로 인해 실패하게 만드는 경우가 있다. 현재에 초점을 맞추고, 목표에 이를 수 있는 첫 번째 긍정적인 단계가 무엇인지 생각한다.

4) 집중 조절 전략

(1) 집중이 잘되는 시간과 공간에서 공부하기

하루 중 가장 집중이 잘되는 시간대를 찾아서 그 시간대를 중심으로 계획을 세우는 것이 실천력을 증가시키고 공부의 효율성을 높여 줄 수 있다. 이른 아침 시간? 저녁 시간대? 학교? 도서관? 아니면 집? 혼자 있을 때? 다른 사람들과 함께 있을 때? 과거의 경험들을 돌이켜보며 가장 공부의 효율이 높았던 때를 찾아보게 한다.

(2) 집중이 되는 시간만큼 공부 계획하기

아무리 능력이 뛰어난 사람이라도 너무 오랜 시간 공부에만 매달리면 집중도가 떨어지게 된다. 집중력을 오랫동안 유지하려면, 일정 수준까지는 투입량에 비례해서 수확이 증가하시지만 그 수준을 넘어서면 수확이 오히려 감소한다는 '수확체감의 원리(principle of diminishing returns)'를 이해해야 한다. 개인차가 있긴 하지만, 대부분의 학생들은 최대 60분이 지나면 주의가 산만해진다. 따라서 자신이 고도의 집중력을 발휘할 수 있는 시간이 어느 정도인지를 파악하고 그 시간을 넘어서는 공부계획은 잡지 않도록 해야 한다. 주의가 산만한 학생들을 지도하는 방법은 그 학생이 집중할 수 있는 시간을 먼저 파악하는 것이다. 만약 5분만 집중할 수 있다면, 일단 그 시간에 처리할 수 있는 정도의 과제만을 주어야 한다. 그렇게 하면 학생들은 성취감을 느끼게 될 것이고, 성취감을 느낄 때 집중력은 점차 증진된다.

1

미래목표를 위한
첫걸음

단기목표 설정과
시간관리

◎ **목 표**　키, 체형 등 내 모습에 대해 잘 알고 있어야 자신에게 어울리는 옷을 선택할 수 있습니다. 시간관리도 마찬가지입니다. 시간을 잘 관리하고 싶다면, 먼저 평소 자신이 시간을 어떻게 사용하고 있는지를 파악하고 분석해야 합니다. 이번 시간에는 본격적인 시간관리에 앞서, 시간관리 체크리스트와 시간사용 분석표를 통해 자신의 시간 사용에 대해 돌아보고 부족한 부분을 짚어봅니다. 시간관리의 의미에 대해 생각해보고, 자신의 시간 사용 패턴을 살펴보도록 합니다. 그리고 시간관리에 있어 중요한 단기목표를 설정하는 원칙에 대해 배워보도록 합니다.

커피 1잔.. 4분, 권총 1정.. 3년, 스포츠카 1대.. 59년! 모든 비용은 시간으로 계산된다!!

모든 인간은 25세가 되면 노화를 멈추고, 팔뚝에 새겨진 '카운트 바디 시계'에 1년의 유예 시간을 제공받는다. 이 시간으로 사람들은 음식을 사고, 버스를 타고, 집세를 내는 등, 삶에 필요한 모든 것을 시간으로 계산한다. 하지만, 주어진 시간을 모두 소진하고 13자리 시계가 0이 되는 순간, 그 즉시 심장마비로 사망한다. 때문에 부자들은 몇 세대에 걸쳐 시간을 갖고 영생을 누릴 수 있게 된 반면, 가난한 자들은 하루를 겨우 버틸 수 있는 시간을 노동으로 사거나, 누군가에게 빌리거나, 그도 아니면 훔쳐야만 한다.

돈으로 거래되는 인간의 수명! "살고 싶다면, 시간을 훔쳐라!!"

윌 살라스는 매일 아침 자신의 남은 시간을 보며 충분한 양의 시간을 벌지 못하면, 더는 살 수 없다는 사실을 깨달으며 눈을 뜬다. 사람들에게 시간은 곧 돈이자 생명이 되어 버려, 시간을 늘리기 위한 전쟁 아닌 전쟁이 벌어지게 된다.

－　영화 〈In Time〉의 내용입니다. 흔히 "시간은 금이다."라고 하는데, 이 영화에서는 시간을 직접 돈으로 표현하였습니다. 이토록 실제적이고 소중한 시간을 우리는 어떻게 사용하고 있나요?

이 장을 통해 여러분이 시간을 어떻게 생각하고, 어떻게 사용하고 있는지에 대해서 보다 정확하게 알아보도록 합시다.

★ 이번 시간에 배울 내용

- 단기목표는 어떻게 정할 수 있을까?
- 시간관리가 중요한 이유는 무엇일까?
- 시간관리란 무엇일까?
- 평소 나의 시간사용 패턴은 어떠할까?

목표 세우기 체크리스트

● **다음의 체크리스트를 통해서 목표 세우기 정도를 확인해봅시다.**

문 항	√표
1. 1년 후, 5년 후의 내 모습에 대한 구체적인 그림이 있다.	
2. 공부해야 할 분명한 목표가 있다.	
3. 목표는 나에게 정말 중요하다.	
4. 나는 어떤 일을 하기 전에 목표를 세우는 편이다.	
5. 힘들더라도 목표를 이루기 위해 참고 공부한다.	
6. 여러 가지 일을 해야 할 때는 일의 순서를 정한 다음에 시작한다.	
7. 즐기고 싶은 일이 있을 때도, 우선 목표로 한 일을 끝내놓고 나서 하는 편이다.	
8. 목표를 이루기 위해 오늘 해야 할 일이 무엇인지 잘 알고 있다.	

총 개수 :

● **√ 표시한 문항의 개수를 세어보세요. 여러분의 목표 세우기 정도는 어떤가요?**

0~2개 → 새롭게 목표를 세워봅시다.

3~4개 → 목표가 아직 애매합니다.

5~6개 → 목표를 조금 더 구체화하세요.

7~8개 → 목표가 뚜렷합니다.

유 의 점 | 평소 목표 세우기에 대한 습관을 점검하는 문항들로, 현재 자신의 목표 세우기 정도가 어느 수준인지를 확인할 수 있습니다.
체크하지 않은 문항들을 토대로 자신이 어떤 부분을 소홀히 해왔는지 검토할 수 있도록 지도해주시기 바랍니다.

목표설정의 중요성

| 목 표 | 한자로 눈 목(目)과 높은 나뭇가지 표(標)입니다. 즉, 높은 나뭇가지 끝을 바라본다는 것을 의미하며,
목적을 이루려고 하는 대상을 뜻합니다. 이 부분은 목표가 무엇이고 왜 중요한지를 인식하는 것이 중요합니다.

tip 목표를 설정해본 적이 있는지, 달성한 경험이 있는지를 질문해볼 수 있습니다.

C1 5m

● 목표란?

目標 =
우리가 스스로의 활동을 통해 성 취 하고자 하는 구체적 대 상

● 목표설정은 왜 중요할까?

목표가 있는 사람들이 목표가 없는 사람들보다 일을 더 잘합니다. 그리고 같은 사람도 목표가 있을 때 목표가 없을 때보다 일을 더 잘할 수 있습니다.

자, 지금부터 2분 동안 윗몸일으키기를 합니다. 몇 개쯤 할 수 있을까요?

체력조건이 비슷한 A, B반 학생들을 대상으로 윗몸일으키기를 하도록 하였습니다. A반 학생들에게는 자신들이 2분 동안 얼마나 많은 윗몸일으키기를 할 것인가에 대한 목표를 세우도록 했고, B반 학생들에게는 미리 정한 목표 없이 윗몸일으키기를 하도록 했습니다. 어느 반이 더 많이 했을까요?

● 그 결과, A 반 학생들이 더 많은 윗몸일으키기를 할 수 있었습니다. 그 이유는 무엇일까요?

목표와 현재 상태와의 차이를 줄이고자 하는 것은 강력한 동기를 유발함.
목표가 없으면 줄여야 할 차이가 사라지기 때문에 더 노력하지 않음.

| 유 의 점 | 목표를 설정하면, 그 결과가 달라질 수 있다는 점을 인식시켜 주십시오.

이룰 수 있는 '제대로 된' 목표의 원칙 – 현(現)행(行)시(時)측(測)

| **목 표** | 실천 가능성과 구체성을 높일 수 있는 목표 세우기의 원칙인 '현행시측'의 개념을 잘 이해할 수 있도록 꼼꼼한 설명이 필요합니다.

● **실천할 수 있고 이룰 수 있는 목표는 다음과 같은 특징을 가지고 있습니다.**
따라서 목표를 세울 때는 항상 다음 사항을 명심해야 합니다.

> 현재 주어진 능력으로 이룰 수 있는 ' 현 실 적 인 ' 목표예요!

그 일이 현실화될 가능성이 최소한 70% 이상이 되어야 합니다.
가능성에 대한 근거가 있거나 이전에 비슷한 목표를 설정하고 달성해본 적이 있어야 합니다.

　▸ tip 큰 목표를 달성하려면 반드시 실현 가능한 수준으로 단계를 나누고 점진적으로 공략해야 합니다.
　　　　 반에서 40등인 학생이 당장 1등을 하겠다는 목표는 현실적으로 달성하기 어렵지만 "다음 시험에서 평균 5점 올린다"는 목표는
　　　　 실현 가능하고 성공할 가능성도 높일 수 있습니다.

> 당장 실천할 수 있는 ' 행 동 '으로 바꿀 수 있어요!

☐ 영어 – 매일 영어단어 20개씩 외우기
☐ 수학 – 자신에게 맞는 문제집을 골라 하루에 10문제씩 풀이 연습
어떤 공부방법을 사용할지까지 구체적으로 작성해야 합니다.

　▸ tip 장기적인 목표를 달성하려면 오늘 당장 그것을 위해 할 일이 무엇인지 찾아야 합니다.
　　　　 머릿속의 생각만으로는 아무것도 달성할 수 없으며 목표가 무엇이든 반드시 행동을 통해서만 달성 가능합니다.

> 언제까지 이룰 것인지 ' 시 한 '을 정해놔요!

'몇 시까지, 오늘까지, 이번 주까지, 이번 달 말까지, 중간고사까지, 이번 기말고사까지' 와 같이 구체적인 마감시한을 정해야 합니다.

　▸ tip 사람들은 마감시한에 맞춰 행동하는 경향이 있기 때문에 반드시 마감시한을 설정해야 합니다.
　　　　 시간은 너무 짧게 잡아도 문제지만 너무 길게 잡아도 쉬이 나태해져 목표 달성과 거리가 멀어질 수 있습니다.

> 목표가 이루어지는 정도를 ' 측 정 '할 수 있어요!

'몇 페이지, 몇 개 과, 단어 몇 개, 몇 문제 등' 과 같이 측정할 수 있는 분량을 계획해 두어야 합니다.

　▸ tip 자신의 행동 결과를 측정하고 판단할 수 있는 기준이 모호하다면 목표 달성에 실패할 가능성이 높습니다.
　　　　 목표 달성을 위해 지속적으로 노력하려면 반드시 자신의 행동 결과를 측정하고 판단할 수 있는 명확한 기준이 있어야 합니다.

'현행시측' 원칙에 따른 목표 세우기

| 목 표 | 현행시측 원칙을 적용하여 실제적인 목표를 세워보도록 합니다.

T1
10m

● **살을 빼고 싶다.**

현 : 지금보다 몸무게를 3kg 정도 줄이겠다.

행 : 매일 줄넘기를 200번씩 하고 외식은 2주에 한 번만 하겠다.

시 : 앞으로 한 달 안에 달성하겠다.

측 : 매일매일 몸무게를 잰다. 한 달 뒤 몸무게가 3kg 빠졌는지 확인한다.

● **영어를 더 잘하고 싶다.**

현 : 영어 시험점수를 10점 더 올리겠다.

행 : 매일 영어 단어 50개를 외우고, 문제 20개를 푼다.

시 : 다음 번 중간고사까지 달성하겠다.

측 : 매일 외운 단어의 수를 확인하고 시험을 본다. 중간고사 시험결과를 확인한다.

| 유 의 점 | 위 문제는 정답이 없으므로, 여러 학생들의 의견을 수렴하여 '현행시측'의 원칙에 가장 부합되는 것을 함께 찾아보십시오.

tip 하나는 조별로 조원들과 목표를 세워보고, 하나는 개별로 연습을 시켜보고, 발표를 들어볼 수 있습니다.

성적목표 만들기

| **목 표** | 현행시측 원칙에 따라 각자 성적목표를 설정해보도록 합니다.

T2
15m

● **'현행시측' 원칙을 응용하여 성적목표를 세워봅시다.**

현 실적인 목표

현재 지금 나의 성적을 적어 봅시다. 그리고 앞으로 이루고 싶은 성적을 적어봅시다.

현재 성적	(5)점 향상	미래 성적
80점	달성 가능성? 70 %	85점

| 유 의 점 | 향상점수를 대략 5~10점 정도 선으로 조정하는 것이 바람직하며, 90점 이상인 학생들의 경우 3점을 넘지 않도록 목표 조정을 하는 것이 바람직합니다.

행 동적인 목표

시험 목표를 이루는 데 특별히 치중해야 할 과목을 정해 써봅시다.

1 ___수학___   **2** ___영어___   **3** ___국어___

어떤 방식으로 공부할지 구체적으로 적어보세요.

목표과목	평소에 할 수 있는 공부 방법
수학	복습은 기본! + 문제집 풀고 오답노트 정리
영어	복습은 기본! + 영어 단어 외우기(하루 20개씩, 교과서)
국어	복습은 기본! + 교과서 진도에 따라 문제집 풀기

| 유 의 점 | 많은 학생들이 주요과목(국, 영, 수)을 목표과목으로 두는데, 만약 시험목표가 평균점수의 향상일 경우 취약한 과목을 미리 보완하는 것이 중요합니다.

마감 시 한이 정해진 목표

'성적목표를 ___다음 기말고사___ **까지 달성하겠다.'**

측 정 가능한 목표

목표 달성을 위해 지속적으로 노력하려면 반드시 자신이 잘하고 있는지 여부를 측정하고 판단할 수 있는 명확한 기준이 필요합니다.

• **결과를 측정** ⟨ 지난 시험결과보다 5점 향상

• **과정을 측정** ⟨ 틀린 수학 문제 개수 그래프로 그리기
영어 단어시험 보기

성적목표판 작성하기(예시)

C3
5m

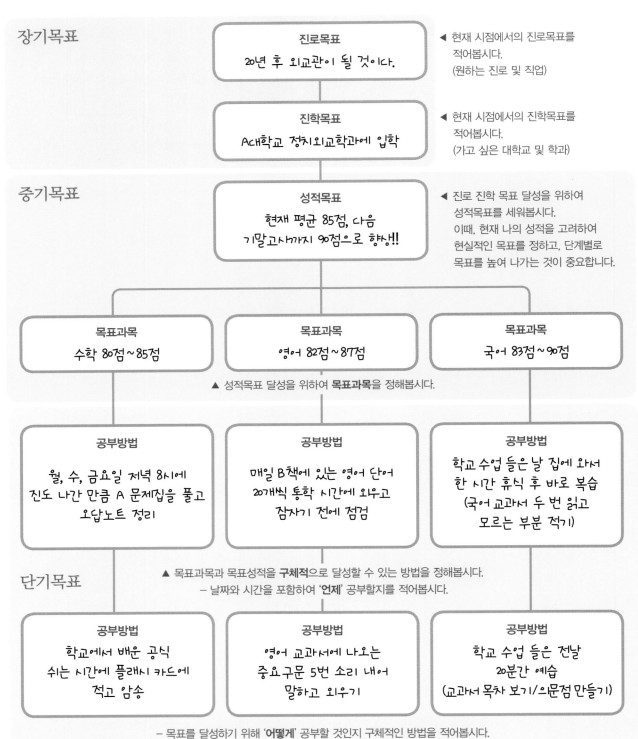

장기목표

진로목표
20년 후 외교관이 될 것이다.

◀ 현재 시점에서의 진로목표를 적어봅시다.
(원하는 진로 및 직업)

진학목표
A대학교 정치외교학과에 입학

◀ 현재 시점에서의 진학목표를 적어봅시다.
(가고 싶은 대학교 및 학과)

중기목표

성적목표
현재 평균 85점, 다음 기말고사까지 90점으로 향상!!

◀ 진로 진학 목표 달성을 위하여 성적목표를 세워봅시다.
이때, 현재 나의 성적을 고려하여 현실적인 목표를 정하고, 단계별로 목표를 높여 나가는 것이 중요합니다.

목표과목
수학 80점~85점

목표과목
영어 82점~87점

목표과목
국어 83점~90점

▲ 성적목표 달성을 위하여 **목표과목**을 정해봅시다.

공부방법
월, 수, 금요일 저녁 8시에 진도 나간 만큼 A 문제집을 풀고 오답노트 정리

공부방법
매일 B책에 있는 영어 단어 20개씩 통학 시간에 외우고 잠자기 전에 점검

공부방법
학교 수업 들은 날 집에 와서 한 시간 휴식 후 바로 복습
(국어 교과서 두 번 읽고 모르는 부분 적기)

단기목표

▲ 목표과목과 목표성적을 **구체적**으로 달성할 수 있는 방법을 정해봅시다.
　 – 날짜와 시간을 포함하여 '**언제**' 공부할지를 적어봅시다.

공부방법
학교에서 배운 공식 쉬는 시간에 플래시 카드에 적고 암송

공부방법
영어 교과서에 나오는 중요구문 5번 소리 내어 말하고 외우기

공부방법
학교 수업 들은 전날 20분간 예습
(교과서 목차 보기/의문점 만들기)

– 목표를 달성하기 위해 '**어떻게**' 공부할 것인지 구체적인 방법을 적어봅시다.

성적 목표판 작성하기

| **목표** | 앞에서 배운 절차에 따라 자신의 성적 목표판을 작성해보도록 합니다. 이렇게 완성된 목표판은 눈에 가장 잘 띄는 곳에 두어야 합니다. 목표를 이루기 위해 해야 할 가장 중요한 일 중 하나는 목표 설정이 끝나자마자 바로 그것을 시작할 계기를 만드는 것입니다. 머릿속에서만 있는 목표는 잊혀지기 쉽습니다. 때문에 목표를 눈에 보이게 게시함으로써 매일매일 목표를 상기시키는 것이 중요합니다.

T3
5m

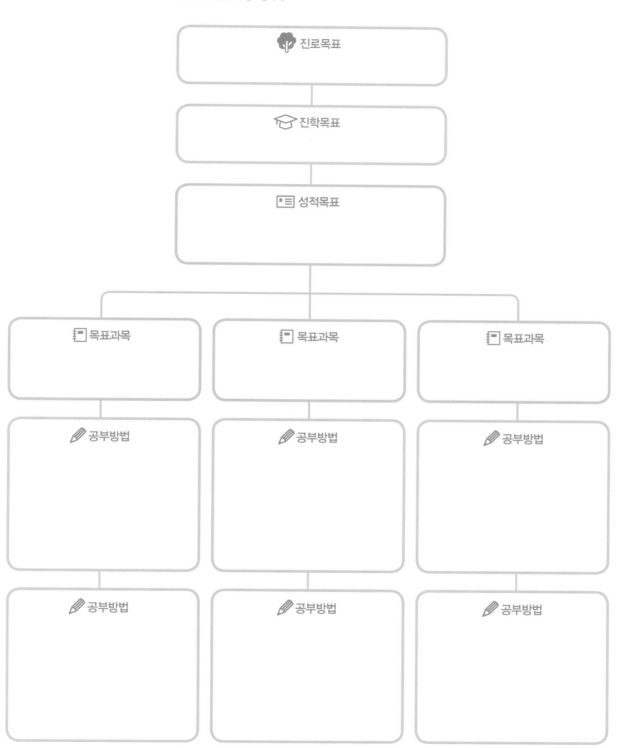

하고 싶은 일 vs 해야 할 일

| 목 표 | 하고 싶은 일과 해야 할 일을 모두 적어봄으로써 한정된 시간을 어떻게 활용해야 할지 생각해볼 수 있도록 합니다.

A2
15m

● **오늘 하루의 시간이 주어진다면 여러분은 어떤 일에 어떻게 쓰고 싶나요?**

마음대로 **하고 싶은 일**들을 적어보세요.
예) 게임, TV 보기, 잠자기 등

하고 싶은 일	필요한 시간

합 :   시간   분

꼭 해야 하는 일, 규칙적으로 하는 일들을 적어보세요.
예) 학교 수업, 학원, 숙제, 시험공부, 수면, 식사, 통학 등

해야 하는 일	필요한 시간

합 :   시간   분

● **이 모든 일을 하는 데 필요한 시간이 얼마나 되나요? 하루 24시간으로 충분한가요?**
  만일 시간이 모자란다면 그것은 무엇을 의미할까요?

| 유 의 점 | 하고 싶은 일과 해야 할 일에 대해 자유롭게 써보도록 합시다. 하고 싶은 일에 필요한 총시간과 해야 할 일에
필요한 총시간을 합해보면 24시간이 넘을 것입니다. 하루 24시간 동안 이 일들을 다 할 수 없다는 점을 학생들이
인식할 수 있도록 지도해주시기 바랍니다.

시간관리란?

| **목표** | 시간 및 시간관리의 의미를 생각해보도록 합니다.

● **시간의 의미**

눈에 보이지 않는 시간에 비유할 수 있는 것은 무엇이 있을까요?
자신만의 재미있는 비유를 찾아봅시다.

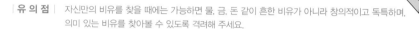

시간은 (　　　　　물, 금, 돈, 화살, 강물 등　　　　　)이다.

| **유의점** | 자신만의 비유를 찾을 때에는 가능하면 물, 금, 돈 같이 흔한 비유가 아니라 창의적이고 독특하며,
의미 있는 비유를 찾아볼 수 있도록 격려해 주세요.

● **시간의 특징**

> 시간은 [목 표] 를 이루는 데 반드시 필요한 자원이다.

> 시간은 다른 자원과 달리 [저 장] 할 수 없다.

> 시간은 모두에게 [공 평] 하다.

● **시간관리의 의미**

시간관리에 대해 배우기에 앞서, 시간관리는 무엇을 의미하는지 자신의 생각을
적어봅시다.

> ▶ **가능한 답변 예시**
> - 주어진 시간을 자신의 목표에 맞도록 미리 계획해서 균형감 있게 사용하는 것
> - 주어진 시간 동안 중요한 일들을 효율적으로 처리할 수 있도록 시간을 사용하는 것
> - 기계처럼 제때 할 일을 하는 것이 아니라 목표와 방향을 유지하면서 시간을 사용하는 것 등등

시간관리란,
주어진 시간을 자신의 [목 표] 에 맞게 [계 획] 해서 사용하는 것이다.

| **유의점** | 학생들이 시간이라는 추상적 개념을 이해하는 데 다소 어려움을 가지고 있을 수 있습니다. 구체적인 대상으로
나만의 비유를 찾아본다면 시간의 진정한 가치를 탐색할 수 있습니다.

시간 사용 분석하기

| 목 표 | 시간 사용 분석을 통해 평소에 어떻게 시간을 사용하고 있는지를 알 수 있습니다.

A3
10m

● **아래의 표에 맞추어 평소 시간을 어떻게 사용하는지 분석해 봅시다.**

(1시간은 대략 하루의 4%입니다)

하는 일	하루 평균 사용 시간	사용비중
잠	8 시간	33 %
학교 수업	6 시간	25 %
학원 / 과외	3 시간	13 %
숙제	2 시간	8 %
스스로 공부	1 시간	4 %
TV	1 시간	4 %
컴퓨터	2 시간	8 %
독서	0 시간	0 %
멍 때리기	1 시간	4 %
휴식	0 시간	0 %
스마트폰 사용	시간	%
식사	시간	%
	시간	%
	시간	%
	시간	%
합계	24 시간	100 %

● **다음의 예시를 참고하여 다음 페이지에 자신의 시간 사용 비중을 그려 보세요.**

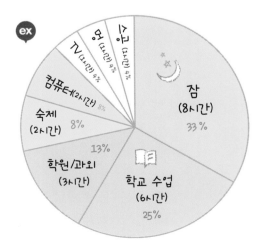

| 유 의 점 | 자신이 시간을 어떻게 사용하고 있는지 전체적인 모습을 파악하는 것이 중요합니다. 따라서 지나치게 세세하게 기억해서 적도록 할 필요는 없습니다. 대략 하루에 어느 활동에 어느 정도의 시간을 사용하는지 파악할 수 있도록 지도해주시기 바랍니다.

● 시간 사용 비중 그리기 *각 칸은 5%씩 나뉘어 있습니다.

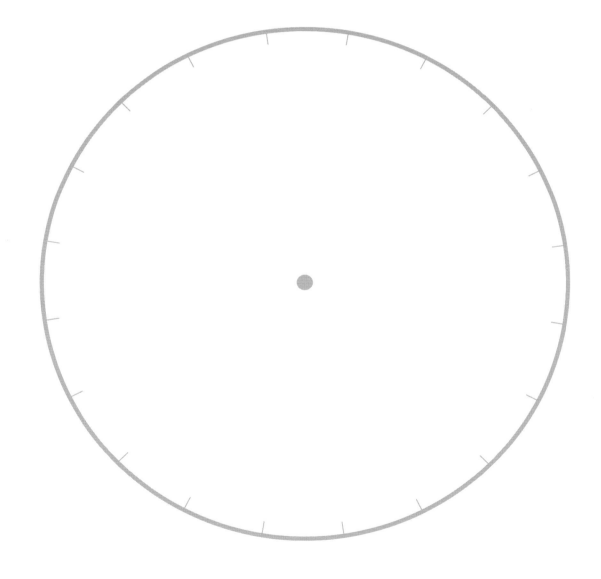

| 유 의 점 | 시간 사용을 분석해본 후, 자신의 목표 달성과 관련된 중요한 일, 가령 자기공부나 숙제하기 등에 얼마나 많은 시간을 쓰고 있는지 확인할 수 있도록 지도해주시기 바랍니다. 잘하는 시간관리란 나에게 중요한 일에 더 많은 시간을 사용하는 것을 의미합니다.

●tip 시간 사용비중을 개별로 해서 자신의 시간사용을 분석해 볼 수 있고, 조별활동을 통해 조별로 평균을 내서 비교해 볼 수 있습니다.

시간 사용에 대한 평가

| **목표** | 시간 사용에 대한 평가를 통해 시간을 어떻게 사용하는 것이 좋을지 생각해보도록 합니다.

T4
10m

● **앞에서 기록한 내용을 바탕으로 나의 시간 사용에 대해 평가해 봅시다.**

가장 보람되게 사용했다고
느껴지는 시간은?

가장 헛되이 사용했다고
느껴지는 시간은?

▶ **가능한 답변 예시**

책 읽는 시간, 자기공부 시간 등

▶ **가능한 답변 예시**

빈둥거린 시간, TV 본 시간 등

앞으로 늘리고 싶은 항목은?

앞으로 줄여야 한다고 생각하는 항목은?

▶ **가능한 답변 예시**

- 자기공부 시간을 늘리고 싶다.

- 하루에 30분씩 자기공부 해보기!

▶ **가능한 답변 예시**

- 빈둥거리는 시간을 줄이고 싶다.

- 하루에 1시간씩 빈둥거리는 걸 하루에 30분 미만으로 줄여보자!

22

| **유 의 점** | 일부 학생들은 '보람된'의 의미를 '개인적으로 재미있는' 것으로 오해하여 보람된 시간의 항목에 게임이나 TV 등을 포함시키기도 합니다. '보람을 느끼는 것'은 그 일에 대해 가치 있게 느끼고 장기적으로 개인의 삶에 명백한 도움이 될 때라는 점을 먼저 상기시키고 진행하면 원활한 탐색이 이루어집니다.

단기목표 설정과 시간관리

★ 시간은 목 표 를 이루는 데 반드시 필요하다.

★ 시간은 모두에게 공 평 하다.

★ 시간관리란, 주어진 시간을 자신의 목 표 에 맞게 미리 계 획 해서 사용하는 것이다.

★ ' 현 행 시 측 ' 원칙에 따라 이룰 목표를 세울 수 있다.

과 제

- 시간 사용 평가에서 늘리고 싶은 시간 항목 1시간 늘려보기
- 시간 사용 평가에서 줄이고 싶은 시간 항목 1시간 줄이기
- 학습시간 정해서 공부해보기

요일	과목	공부시간 (시 ~ 시)

시간관리의 핵심원칙

◎ **목 표**   대부분의 학생들은 '시간관리를 잘하는 것'이, 매 시간 계획을 세워 이를 완벽하게 지키는 것이라고 생각합니다. 하지만 시간을 잘 관리한다는 것은 주어진 시간 내에서 우선순위에 따라 일을 효율적으로 처리하는 것을 의미합니다. 이번 시간에는 시간관리에서 핵심원칙이 되는 우선순위와 파레토 법칙에 대해 이해하고 적용해보는 시간으로 진행됩니다. 이 과정을 통해 자신에게 중요한 일이 무엇인지 명확히 하고 그 일을 먼저 처리할 수 있도록 하는 시간관리 습관을 들이는 것이 목적입니다. 일방적으로 알려주는 방식보다는 실제로 자신이 어떻게 해왔는지를 되돌아봄으로써 변화에 대한 동기를 심어주는 것이 중요합니다.

우리는 옷을 입을 때 속옷을 먼저 입고 겉옷을 입습니다. 옷을 순서대로 입지 않는다면 위의 그림처럼 이상한 사람이 되겠죠?

집을 지을 때에도 마찬가지로 기둥을 세워야 지붕을 올리고 제대로 된 집을 지을 수 있듯이 모든 일에는 순서가 있기 마련입니다. 특히 한정된 시간에 할 일이 많은 경우 일의 순서를 정하지 않으면 무엇을 해야 할지 몰라 우왕좌왕하게 되고 다른 일을 하느라 시간을 허비하는 바람에 정작 중요한 일을 놓치는 경우가 발생하게 됩니다.

－ 지난 시간에는 시간 사용 분석을 통해 자신이 시간 사용을 어떻게 하고 있는지 알아보았습니다. 그렇다면 이 많은 일들을 제한된 시간 내에 하기 위해서 어떤 기준을 가지고 어떤 순서대로 시간 관리를 해야 할까요?

그것을 알아보기 위해 이번 시간에는 시간관리 성공의 첫 번째 비법인 우선순위 정하기와 파레토 법칙에 대해 알아보고 적용해보도록 하겠습니다.

★ **이번 시간에 배울 내용**

- 우선순위란 무엇일까?
- 우선순위를 세우는 방법은 무엇일까?
- 우선순위를 정하는 것이 중요한 이유는 무엇일까?
- 파레토 법칙이란 무엇일까?

우선순위 체크리스트

A1
5m

● 다음은 우선순위에 따라 시간을 얼마나 잘 관리하고 있는지에 대해 알아보는 문항들입니다. 각 문항을 읽고 자신이 하고 있다고 생각되는 문항들에 √ 표 해보세요.

문 항	√ 표
1. 여러 가지 일을 해야 할 때에는 일의 순서를 정하고 난 다음에 시작한다.	
2. 숙제나 시험공부는 미루지 않고 미리미리 한다.	
3. 여러 과목을 공부할 때, 한 과목 공부에 많은 시간을 보내기보다는 시간을 분배하여 사용한다.	
4. 어떤 일을 할 때 그것이 내게 가치 있는 일인가를 생각해본다.	
5. 내가 하는 일의 중요성에 따라 우선순위를 매겨 순서대로 일을 처리한다.	
6. 남는 시간에는 평소 하고 싶던 일을 한다.	
7. 매일 공부에 우선순위를 두고 행동한다.	
8. 시험준비를 할 때는 벼락치기보다는 차근차근 준비하는 편이다.	
9. 친구들의 부탁 때문에 계획한 공부를 하지 못할 때가 거의 없다.	
10. 마음이 내키지 않을 때라도 대체로 계획에 따라 공부한다.	

총 개수 :

● √ 표시한 문항의 개수를 세어보세요. 여러분은 우선순위 관리를 어떻게 하고 있나요?

0~2개 관리 안 됨	→ 우선순위 관리가 전혀 안 되고 있어요.
3~5개 실천 안 함	→ 알지만 실천하지 못하는 부분이 있네요.
6~8개 성실함	→ 비교적 성실하게 일의 순서를 지키고 있어요.
9~10개 관리 잘함	→ 미루는 일 없이 계획적인 생활을 하는군요.

| 유 의 점 | ▶ 관리 안 됨, 실천 안 함 : 우선순위에 따라 일을 해야 합니다.
▶ 성실함, 관리 잘함 : 현재도 비교적 일의 우선순위에 따라 시간관리를 잘하고 있는 것으로 보입니다. 이를 잘 유지하면서, 앞으로 더욱 발전시키면 됩니다.
▶ 이 결과는 능력이 아니라 일을 처리하는 '습관'을 측정하므로, 앞으로 필요한 '변화'에 중점을 두어 설명해주십시오.

나에게 중요한 것은 무엇인가?

| 목표 | 어떤 삶이 보다 바람직한 삶일까요? 미래를 미리 대비하는 개미의 삶이 옳은가요? 하루하루 즐길 줄 아는 베짱이의 삶이 옳은가요? 여기서는 정답을 말하고자 하는 것이 아닙니다. 이 부분에서는 개인마다 목표와 중요하게 생각하는 것이 다르고, 그에 따른 행동이 다를 수 있다는 것을 알려주는 것이 중요합니다. 또한, 그 결과도 다르다는 것을 인식하도록 돕는 것이 중요합니다.

시간관리의 기본은 '중요한 일을 먼저 하는 것'이라고 말할 수 있습니다. 중요한 것이란 현재 내가 가치 있고 의미가 있다고 생각하는 것이고, 이는 우리가 올바른 방향으로 행동할 수 있게 합니다.

● **다음의 이야기를 읽어봅시다.**

한 동네에 개미와 베짱이가 살았어요.

개미는 겨울을 대비하여 무더운 여름 내내 묵묵히 일을 하였어요.

한편, 베짱이는 시원한 그늘 아래에서, 노래하며 여름을 보냈어요.

어느덧, 찬 바람이 쌩쌩 부는 추운 겨울이 왔어요. 개미는 따뜻한 집에서 풍족한 겨울을 보냈고, 베짱이는 식량이 모자라 친구들에게 식량을 빌려가며 겨우겨우 굶주림을 모면했답니다.

● **'개미와 베짱이' 만화를 보며, 다음을 생각해봅시다.**

개미에게 중요한 것	베짱이에게 중요한 것
▶ 가능한 답변 예시 미래를 대비하여 오늘 최선을 다하는 것	▶ 가능한 답변 예시 편안하게 즐기면서 사는 것

목표와 그에 따른 중요한 일은 사람마다 다를 수 있습니다. 그렇기 때문에 같은 상황일지라도 각자의 행동과 결과도 다르게 나타날 수 있습니다.

나의 우선순위는?

| 목 표 | 별의 개수(중요도)와 순서를 비교해보게 함으로써, 실제로 내가 중요한 일부터 처리하고 있는지를 알 수 있습니다. 이를 인식하고 자신의 현재 상태를 파악하는 것이 시간관리의 첫걸음이라고 할 수 있습니다.

● 우선순위 세우기 연습

1. 동그라미에 평소에 자신이 하는 일들을 적어보세요.
   예) 학교에서 배운 내용 복습, 시험 준비, 학원 숙제, 컴퓨터 게임,
   TV 시청, 운동, 친구와 놀기 등

2. 하루를 쓰게 된다면, 평소 여러분은 어떤 순서대로 하는지 순서대로 화살표로 연결해보세요.

3. '본인이 중요하다고 생각하는 정도'에 따라 ☆에 색을 칠해보세요(1~3개).

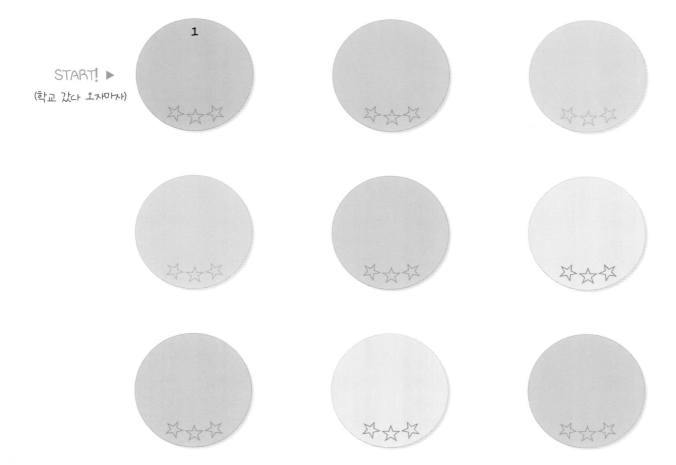

| 유 의 점 | 별은 중요하다고 생각하는 정도에 따라 1~3개까지 색칠합니다(가장 중요한 일 ★★★ / 중요한 일 ★★☆ / 별로 안 중요한 일 ★☆☆). 개인적 가치나 목표에 따라 별의 개수에서 차이가 날 수 있으므로, 학생들의 답변을 판단하기보다는 왜 그렇게 생각했는지에 대해 질문하고 이유를 들어보는 것이 필요합니다.

● 평소 나는 중요하다고 생각하는 일부터 먼저 하는 편인가요?

YES   /   NO

● 내가 중요하다고 생각하는 것들은 어떤 일들인가요?

● 중요도에 따라 일을 할 때와 중요도에 상관없이 일을 할 때의 결과는 어떻게 다를까요? 각자의 생각을 적은 후 다른 사람들과 토의해봅시다.

중요도에 따라 순서대로 했을 때의 결과	중요도를 무시하고 했을 때의 결과
▶ 가능한 답변 예시	▶ 가능한 답변 예시
중요한 일을 잊지 않고 처리할 수 있다.	덜 중요한 일을 하는 데 시간을 보내다 결국 중요한 일을 못하게 될 수 있다.

| 유 의 점 | 학생들이 충분히 토론할 수 있도록 지도해주시고, 자신의 경험을 이야기할 수 있도록 격려해주십시오.

우선순위를 결정하는 두 가지 기준

| **목표** | 우선순위를 결정하는 두 가지 기준에 대해 배우도록 합니다.

C1
5m

우선순위를 결정하는 것은 결코 쉬운 일이 아닙니다. 특히, 시간이 부족하고 할 일이 많을 때(예를 들어, 시험기간)는 더욱 혼란스럽고 어려울 수 있습니다.

● **일의 순서를 정하기 위한 우선순위 결정 기준에 대해 배워봅시다.**

기준 1 ㅣ **중요도**	기준 2 ㅣ **긴급도**

> 일의 중요도는 자신의
  목 표 에 따라 결정됩니다.

> 급한 일의 기준은
  그 일을 반드시 끝마쳐야 하는 시간,
  즉 마 감 시 간 이 얼마나
  멀고 가까운지의 여부로 결정할 수
  있습니다.

➤tip 만약 내가 세운 목표가 '국어 점수를 10점 향상시키자'라면
그 목표와 관련된 일, 즉 국어점수 향상을 위한 공부가 바로
중요한 일이 될 것입니다.

➤tip 가령 내일까지 해야 하는 숙제가 있다면 그것은 급한 일에
해당되는 것이고, 다음 달에 있을 중간고사는 시간상 덜 급한
일로 나눌 수 있습니다.

우선순위에 따른 활동

| 목표 | 우선순위 결정 기준에 따라 어떤 일들을 먼저 해야 하는지를 생각해보고 우선순위를 매겨보도록 합니다.

C2·
10m

● **우선순위 결정 기준에 따르면 어떤 일을 먼저 해야 할까요?**

1. 아래 쓰인 활동들이 각각 어디에 해당하는지 적어보세요.
2. 아래의 빈칸에 본인이 생각하는 우선순위(1~4위)를 적어보세요.

Ⓐ 시험, 숙제와 같이 당장 해야 할 일
Ⓑ 급하게 하지 않아도 우리 삶에 별다른 영향을 주지 않는 일들
Ⓒ 급하게 느껴지지만 목표와 관련성이 낮은 일들
Ⓓ 장기적 계획이 요구되는 일들

중요한 정도 →

급한 정도 ↑

중요하고 급한 일	중요하지 않고 급한 일
Ⓐ 시험, 숙제와 같이 당장 해야 할 일 1순위	Ⓒ 급하게 느껴지지만 목표와 관련성이 낮은 일들 3순위
중요하지만 급하지 않은 일 Ⓓ 장기적 계획이 요구되는 일 2순위	중요하지도 않고 급하지도 않은 일 Ⓑ 급하게 하지 않아도 우리 삶에 별다른 영향을 주지 않는 일들 4순위

| 유의점 | 4가지로 어떻게 분류되는지 충분히 이해될 수 있도록 지도해주시고, 그 이후 어떤 일이 우선순위인지 정확하게 알고 넘어갈 수 있어야 합니다. 가령, '중요하고 급한 일'은 1순위임이 분명하지만 2순위의 경우 '중요하지 않고 급한 일'로 생각하는 경우가 많습니다. 우리는 평소에 급한 일을 먼저 처리하는 경우가 많지만, 올바른 시간관리는 나의 목표와 관련되어 중요도가 높은 일을 처리하는 것이 먼저임을 확실히 인식시켜야 합니다. 3순위 일을 먼저 하다 보면 정작 중요한 2순위의 일을 놓칠 수 있지만 1, 2순위를 평소에 잘 지킨다면 오히려 시간적인 여유가 생겨 3순위 일까지 처리할 수 있게 됩니다.

우선순위 세우기 연습

T1
10m

● **우선순위를 세우는 방법을 아래 표에 연습해봅시다.**

목표가 '평균 성적 5점 향상'이라면, 스티커에 적힌 활동들은 어떤 칸에 들어가야 할까요? 해당되는 영역에 적절한 활동이 적혀 있는 스티커를 붙여보세요.
(스티커는 학생용 교재 맨 뒤에 첨부되어 있습니다.)

중요한 정도 →

급한 정도

중요하고 급한 일 - 학원 숙제 - 내일까지 내야 하는 학교 숙제 - 다음 주에 있을 수행평가 준비 - 내 성적을 갉아먹는 사회, 교과서로 복습하기	**중요하지 않고 급한 일** - 친구 문자에 답장하기 - 오늘 밤에 하는 TV 드라마 보기 - 씻기 - 간식 먹기
중요하지만 급하지 않은 일 - 중간고사 준비 - 수학 오답노트 정리하기 - 영어 단어 외우기	**중요하지도 않고 급하지도 않은 일** - 친구들과 농구하기 - 컴퓨터 게임 - 낮잠 - 빈둥거리기

| 유의점 | 먼저 목표를 분명히 해야 그에 따른 우선순위가 정해질 수 있습니다. 완벽한 정답은 없습니다. 학생이 다르게 썼을지라도 그렇게 생각한 이유를 듣고 논리적으로 합당한 근거가 있다면 이를 인정해주어야 합니다. 예를 들어, '낮잠'의 경우 몸이 피곤해서 공부를 하기 위한 준비과정으로 생각한다면 중요할 수 있습니다. 만약 혼자 생각하는 것을 어려워한다면 조별로 같이 의논하면서 활동하도록 지도할 수도 있습니다.

내 생활의 우선순위 정하기

| 목 표 | 우선순위 기준을 각자의 생활에 적용해보도록 합니다.

T2
10m

● 다음 주에 자신이 해야 할 일들을 생각해보고, 목표를 기준으로 하여 우선순위에 맞게 다시 아래의 표에 정리해봅시다.

중요한 정도

중요하고 급한 일	중요하지 않고 급한 일
중요하지만 급하지 않은 일	중요하지도 않고 급하지도 않은 일

급한 정도

● 이대로 지킨다면 내 삶에 어떤 변화가 있을까요?

| 유의점 | 우선순위는 중요도와 긴급도에 따른 행동의 순서로, 하고 싶은 일의 순서가 아님을 명심해야 합니다. 일의 우선순위를 정할 때에는, 먼저 자신의 목표가 무엇인지 명확히 인식하고 있어야 순위를 매길 수 있습니다. 목표가 무엇인지에 따라 우선순위는 달라질 수 있습니다. 가령, '친구와 사이좋게 지내기'가 목표라면 친구를 만나는 일이 가장 중요한 일이 될 수 있습니다. 그러나 이 프로그램에서는 학업과 관련된 목표로 이야기를 해 보도록 지도해주십시오.

파레토 법칙

| 목 표 | 파레토 법칙이 무엇인지 알고, 시간관리에서 파레토 법칙이 중요한 이유를 생각해보도록 합니다.

C3
15m

● **파레토 법칙이란?**

이탈리아의 경제학자이자 사회학자인 파레토는 대략 전체 인구의 20%가 전체 부의 80%를 차지하고 있음을 발견하였다. 이는, 전체 결과의 80%가 전체 원인의 20%에서 일어나며 <u>적은 비율의 노력과 원인이 큰 비율의 결과로 나타난다</u>는 것을 의미하는 것이다.

● **파레토 법칙의 예시**

> "국내 총생산의 ___80___ %는 인구의 ___20___ %가 만들어낸다."

> "어떤 회사의 총수익 ___80___ %는 제품의 ___20___ %에서 발생한다."

● **파레토 법칙을 여러분의 생활에 적용한다면, 어떤 것들이 있을 수 있는지 찾아봅시다.**

> ▶ **가능한 답변 예시**
> - "내가 받는 전화의 80%는 아는 사람의 20%가 거는 것이다."
> - "내가 주로 접속하는 인터넷 사이트의 80%는 알고 있는 사이트의 20%에 해당한다."

● **파레토 법칙이 시간관리에 있어서 중요한 이유를 생각해 봅시다.**

중요한 일의 8 0 %는 하루 중 2 0 %의 시간 동안에 이루어진다.

| 유 의 점 | 학생들이 파레토 법칙과 그 중요성을 이해하기 어려워할 수도 있으니 충분히 설명해주는 것이 필요하며, 특히 시간관리에서 파레토 법칙이 필요한 이유를 생각해보는 것이 중요합니다.

파레토 법칙의 적용

| 목 표 | 하루 동안 우리가 여러 가지 일들을 하지만, 그중에서 정말로 중요한 일에 할애하는 시간은 20%에도 미치지 못합니다.
그렇기 때문에 하고 싶은 일을 닥치는 대로 하는 것보다는 중요한 일을 파악해서 먼저 처리할 필요가 있습니다.
여기서는 공부든 운동이든 꿈을 위해 투자하는 시간을 생각해보도록 합니다.

T3
15m

● 만일, 하루 2~3시간씩 10년 동안 한 가지 활동을 꾸준히 한다면, 삶에 놀라운 변화를 가져올 수 있어요. 이를 위해 중요하다고 생각하는 활동 1가지를 적어봅시다.

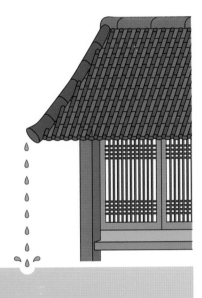

활동 : ▶ 가능한 답변 예시: 영어회화

● 만일, 이러한 활동을 지속적으로 한다면 10년 후 나는 어떤 모습일까요?
구체적으로 적어봅시다.

▶ 가능한 답변 예시
- 외국인과 스스럼없이 대화할 수 있다.
- 드라마를 자막 없이 볼 수 있다.

tip 하루 2~3시간씩 10년을 하게 되면 대략 10,000시간이 되며, 만 시간의 법칙이란 어떤 분야에서 최고의 경지에 이르는 데 걸리는 시간을
의미합니다. 운동이든, 악기든, 그림이든, 영어공부든 무엇이든 본인의 목표 달성을 위해 중요하다고 생각되는 활동 한 가지씩을 적고 실천해볼
수 있도록 합니다.

시간관리의 핵심원칙

★ 시간관리의 기본은 할 일의 목록을 짜서 하루가 시작될 때 우 선 순 위 에 따라 그 일들을 실천해가는 것입니다. 이러한 할 일 목록(to-do list)을 만드는 것만으로도 우리 는 무엇을 해야 할지 주저하는 시간도 줄일 수 있고 자신이 하고 있는 일에 대한 집중력도 높일 수 있어 시 간 관 리 에 도움이 됩니다.

★ 먼저 처리해야 할 일과 나중에 해도 상관없는 일을 구분하려면 우선순위를 결정할 수 있어 야 합니다. 우선순위는 중 요 도 와 긴 급 도 의 두 가지 기준에 의해 결정 됩니다.

★ 중요한 일의 기준은 '내가 세운 목 표 와의 관련성'이고, 급한 일의 기준은 마 감 시 간 이 얼마나 멀고 가까운지의 여부로 결정됩니다. 이 두 가지 기준에 따라 해야 할 일들을 네 가지로 나눌 수 있습니다. 가장 먼저 해야 할 1순위의 일은 '중요하고 급한 일'이 되고, 2순위의 일은 '중요하지만 급하지 않은 일', 그리고 3순위는 '중요하지 않지만 급한 일'이 됩니다. 마지막으로 4순위는 '중요하지도 급하지도 않은 일'입니다.

★ ' 파 레 토 법칙' 또는 '20/80 법칙'은 이탈리아의 경제학자 파레토가 발견한 것으 로, 전체 결과의 80%가 전체 원인의 20%에서 일어나는 현상을 말합니다. 이 법칙은 여러 가지 다양한 영역에서 동일하게 적용될 수 있습니다.

★ '파레토 법칙'에 따르면, 하루 동안 우리가 어떤 일을 하면 그중에 정말로 중요한 일에 할 애한 시간은 2 0 %에도 미치지 못합니다. 그렇기 때문에 닥치는 대로 하고 싶은 일 을 하는 것보다는 무엇이 중요한 것인지 파악해서 중요한 일부터 처리할 필요가 있습니다.

과 제

우선순위에 맞추어 목표 과목 공부하기

− 이번 시간의 과제는 자신에게 중요한 목표 과목 3개를 정해서 일주일간 공부해 보는 것입니다.
아래의 표에 자신에게 가장 중요한 목표 과목 3가지를 적어 봅시다. 또 목표 과목을 어떤 방법으로 공부할지에 대해서도 구체적으로 생각해봅시다.

목표 과목	목표 과목의 구체적인 공부 방법
1 예) 수학	1. 매일 수학 수업 듣고 집에 와서 복습 : 개념 정리, 문제풀이 2. 안 풀리는 문제 오답노트 정리하고, 가지고 있는 문제집 풀기
2	
3	

− 각자 실천한 내용을 확인할 수 있도록 아래에 있는 표에 기록해서 옵니다.
이번 과제는 시간관리 연습의 기초 과정인 만큼, 특별히 열심히 해보기 바랍니다.

날짜	공부한 내용	확인
월 (/)		☐ ☐ ☐
화 (/)		☐ ☐ ☐
수 (/)		☐ ☐ ☐
목 (/)		☐ ☐ ☐
금 (/)		☐ ☐ ☐
토 (/)		☐ ☐ ☐
일 (/)		☐ ☐ ☐

| 유 의 점 | '확인' 란은 다른 사람이 확인해 주는 것이 아니라, 본인 스스로 실천했는지 체크하는 부분입니다.

**효율적인 공부 계획표
내 손으로 만들기**

플래너 작성

◎ **목 표**   가시적인 계획표가 있어야 행동적 실천이 가능합니다. 계획표의 종류나 형태는 매우 다양합니다. 이번 시간에는 우리 청소년들에게 가장 적합한 플래너의 형태를 이해하고 작성 방법을 배우도록 합니다.

준수는 중학교 입학 후 처음 본 중간고사 성적이 기대한 것보다 낮게 나와 의기소침해졌습니다. 기말고사를 앞두고 단짝 친구가 시간관리를 통해 성적을 올렸다는 소식에, '나도 계획을 세운 다음 공부해서 성적 좀 올려야겠다.'라는 생각을 하며 열심히 공부하기로 마음먹었습니다.

그런데 막상 계획을 세우려니 어떻게 해야 할지도 모르겠고 귀찮기도 해서, 매일 아침 그날 해야 하는 일에 대해 머릿속으로 생각하고 중요한 일부터 실천하기로 하였습니다. 그렇지만 늦잠을 자거나 해야 할 일이 많은 날 아침에는 계획을 잊어버리기 일쑤였고, 그날 할 일들에 대해 생각을 하더라도 급한 일이 생길 경우에는 중요한 것부터 실천하지 못하는 일이 늘어났습니다.

급기야, 시간관리를 하는 것이나 안 하는 것이나 공부를 미루는 행동은 여전히 유지되면서, '아~ 시간관리는 복잡하기만 하고 효과도 없어. 오히려 시간만 낭비될 뿐이야.'라는 생각을 하게 되었습니다.

─ 목표와 계획이란 '마음속으로 어떤 결심을 하는 것'입니다. 하지만 마음속에만 담아두고 눈에 보이지 않게 되면 쉽게 그 결심을 잊고 실천하지 못하게 되지요. 그래서 만들게 되는 것이 바로 시간표 혹은 계획표입니다.

시간표는 학교 수업과 같이 언제 어떤 일을 해야 하는지 정리해 놓은 것임에 반해, 계획표는 자신의 목표와 의지에 따라 '어떻게' 시간을 사용할 것인지 미리 결정해 놓는 것입니다. 따라서 계획표가 더 복잡하고, 작성 시에도 생각할 것이 많습니다.

가시적인 계획표가 있어야 행동적 실천이 가능하며, 정확한 계획표는 실천력을 높여줍니다.

이번 시간에는 LAMP 플래너를 통해 효과적인 계획표 양식에 대해 살펴보도록 하겠습니다.

★ 이번 시간에 배울 내용

• 계획표의 유형에 어떤 것들이 있을까?   • 시간을 어떻게 분류할 수 있을까?

• 좋은 공부 계획표의 조건은 무엇일까?   • 효과적인 플래너는 어떻게 작성하는 것일까?

계획표의 유형

| 목표 | 시간관리에 실패하는 원인 중 하나는 효과적이지 못한 방법과 도구를 사용하기 때문이기도 합니다.
이 페이지에서는 시간관리를 함에 있어 효과적인 도구를 사용하는 것의 중요성에 대해서 강조하도록 합니다.
효과적인 시간표 작성법은 뒷부분에서 배울 것입니다.

효과적인 시간관리를 위해선 계획표가 필요합니다. 여러분은 어떤 형태의 계획표를 사용해보았나요? 가장 대표적인 계획표 두 가지는 아래와 같습니다.

● **두 계획표 양식의 장단점에 대해 생각해봅시다.**

시간중심 계획표	과제중심 계획표

장점 - 전체 일정을 한눈에 볼 수 있다.

\- 시작 및 끝 시간이 명확하다.

장점 - 할 일만 적기 때문에 간단하다.

\- 밀린 일정을 고치기 쉽다.

단점 - 24시간 모두 계획하기 때문에 복잡해 보인다.

\- 한 가지 항목이 밀리면 이후 항목 모두 영향을 받는다.

\- 계획을 수정하기 어렵다.

\- 무엇을 해야 하는지 내용이 불분명하다.

단점 - 전체 일정을 확인하기 어렵다.

\- 시작 및 끝 시간이 불분명하다.

\- 미루기 쉽다.

시간의 종류

| **목표** | 시간을 4종류로 나누고 살펴보도록 합니다. 시간을 구분하는 이유가 시간관리를 효율적으로 하기 위함이라는 점과
시간의 종류에 따른 특성과 의미를 숙지할 수 있도록 도와주십시오.

플래너는 '4가지 시간'을 적절히 활용해야 가장 큰 효과를 볼 수 있습니다.

1. 고정시간

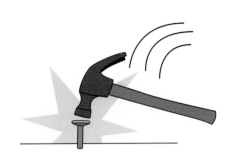

> 이미 정 해 져 있는 일들,

따로 계 획 할 필요가 없는 일들

ex 잠, 학교 수업, 식사, 학원, 과외, 종교활동 등

2. 가용시간

> 내가 마음대로 계 획 해 서

쓸 수 있는 시간

• 나의 가용시간은? _____ 시간

tip 시간은 이미 정해져 있는 일들에 해당하는 고정시간과 계획해서 쓸 수 있는 가용시간으로 나눌 수 있습니다. 우리는 24시간 모두를 계획할
필요가 없고 계획해서 쓸 수 있는 가용시간에만 초점을 두고 시간을 관리하면 됩니다. 즉, 자신에게 주어진 가용시간을 정확히 알고 그 시간만
관리하면 되는 것이며, 고정시간에는 정해진 일을 알고 실천하면 됩니다. 가용시간 계산 방법은 '전체시간-기본활동시간(고정시간)'이 됩니다.

3. 목표학습시간

> 목표 달성을 위해 공부하기로 결정한 시간

목표학습시간을 정하는 기준

1. 가 용 시 간 의 20%

2. 평 소 학 습 량 보다 20% 더 늘리기

3. 목 표 달 성 에 필요한 시간

• 나의 목표학습시간은? _____시간

◆tip 시간관리란 가용시간 내내 공부만 하는 것을 의미하지 않습니다. 가용시간 중에서 일부는 공부에, 일부는 친구 만나기에, 일부는 노는 일에 사용할 수 있습니다. 이 중 공부에 사용할 시간을 미리 정해야 하는데, 이를 목표학습시간이라고 합니다.
목표학습시간을 정할 때는 무리하게 정하지 않습니다. 앞에서 살펴본 파레토 법칙처럼, 가용시간의 20%만 목표학습시간으로 잡아도 충분합니다. 단, 가용시간의 20% 기준은 초등학생에게는 무리가 될 수 있고, 고등학생에게는 부족하게 느껴질 수 있습니다. 따라서 초등학생은 가용시간의 15%, 고등학생은 가용시간의 25%에서 목표학습시간을 정한 다음, 실천하면서 자신에게 적당한 목표학습시간을 찾아가는 것이 좋습니다.

4. 골든타임

> 하루 중 집중하기 유리한 시간

골든타임의 조건

1. 비교적 조 용 한 시간

2. 졸 리 지 않은 시간

3. 유 혹 이 적은 시간

4. 컨 디 션 이 좋은 시간

◆tip 만약 골든타임을 찾기 어려워한다면 하루 한 시간만이라도 최적의 시간대를 찾도록 지도해 주십시오. 골든타임이 전혀 없음을 호소하는 학생이 있다면, 골든타임의 모든 조건을 충족시키지 않더라도 가능한 한 많은 조건을 충족시키는 시간대를 찾도록 도와주시면 됩니다.
골든타임은 한 번의 생각으로 찾기 어려울 수 있습니다. 따라서 골든타임이라고 생각되는 시간에 계획을 세운 후 실제로 공부를 해보면서 실제로 집중이 잘되는지 확인을 통해 자신만의 골든타임을 찾을 수 있을 것입니다.

LAMP 학습 플래너 구성

| **목표** | 지도교사는 플래너 사용법에 대해 사전에 충분히 숙지해야 합니다.
플래너 앞부분의 사용법을 읽어 보거나, www.lampstudy.co.kr에서 제공하는 자료를 참고하기 바랍니다.

다음은 효과적인 시간표의 예시입니다. 아래의 시간표는 'LAMP 학습 플래너'라고 불리며 다양한 시간관리의 원리들을 통합한 것입니다.

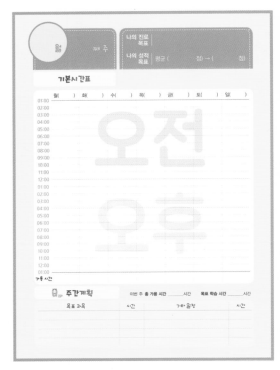

LAMP 학습 플래너 작성 방법

| 목 표 | 기본시간표를 작성해야 하는 이유는 첫째, 일주일간의 기본스케줄을 파악하고, 둘째, 계획 가능한 실제적인 시간의 양을 확인하기 위해서입니다. 고정시간에 해당하는 활동들을 정확하게 알아야, 가용시간을 파악하고 실천 가능한 계획을 세울 수 있습니다. 원칙에 따라 기본시간표를 정확하게 작성하는 방법을 연습하도록 합니다.
(연습은 LAMP 학습 플래너 작성연습(48쪽)에서 할 수 있도록 지도해주세요.)

기본시간표 작성 방법

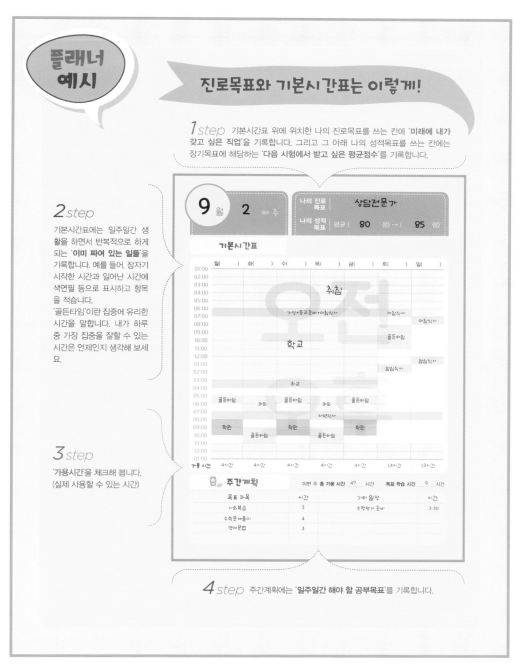

| 유 의 점 | 고정된 활동에 변경 가능한 일정이 포함되지는 않는지 확인하세요.
예를 들어, 독서실이나 자율학습 시간은 그 시간에 무엇을 할지 스스로 결정할 수 있기 때문에 고정활동에 포함되지 않습니다.

✌ 주간계획표 작성 방법

🙂 **주간계획**	이번 주 **총 가용 시간** <u>47</u> 시간	**목표 학습 시간** <u>9</u> 시간	
목표 과목	**시간**	**기타 일정**	**시간**
사회복습	2	수행평가 준비	3:30
수학문제풀이	4		
영어문법	3		

step 1 ▷ 일주일 동안 공부할 목표과목을 기록합니다.

step 2 ▷ 필요한 공부시간을 기록합니다.
주의 - 총 공부시간이 목표학습시간과 같거나 많아야 합니다.
　　 - 목표학습시간은 스스로 공부하는 목표과목만을 위한 시간으로,
　　　 숙제하는 시간은 해당되지 않습니다.

step 3 ▷ 목표학습시간 외에 잊지 말아야 할 숙제 및 기타 공부할 과목을 기록합니다.

| 유 의 점 | 주간계획은 일주일간 무엇을 얼마나 할지 결정하는 곳입니다.
'무엇'은 이미 목표 세우기 부분에서 결정했고, '얼마나'는 목표학습시간에서 결정하였습니다.
주간계획표 왼쪽 칸에는 목표과목에 대한 계획을 목표학습시간만큼 세우고, 오른쪽 칸에는 숙제 및 기타 공부계획을 세우도록 합니다.
목표학습시간은 숙제하는 시간이 아닌, 앞에서 정한 목표과목에 투자하는 시간입니다. 이렇게 자신의 목표를 스스로 결정하고 그것을 계획해야 수동적으로 따라가는 공부가 아닌, 주도적인 공부를 할 수 있음을 인식시켜 주시기 바랍니다.
또한, 학원을 많이 다녀 숙제 양이 많은 학생의 경우에는 현실적인 상황을 고려하여 목표학습시간을 조정할 수 있도록 지도해주십시오.

일일계획표 작성 방법

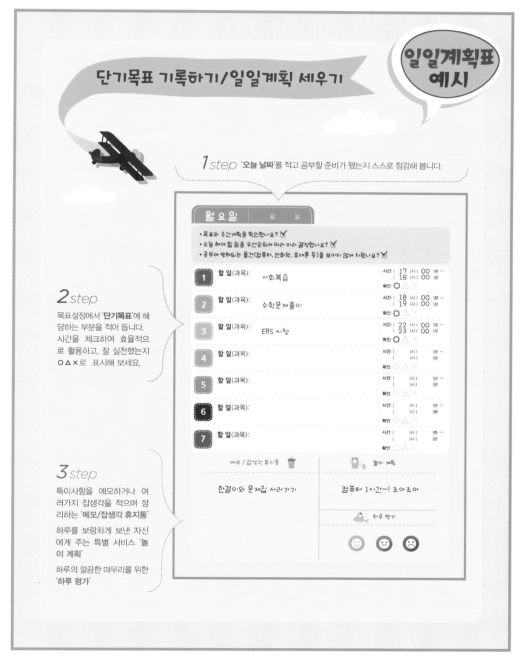

| 유 의 점 | 일일계획표는 하루 동안에 해야 할 일들을 우선순위에 따라 구체적으로 기록하는 곳으로, 주간계획표에서 계획한 일들을 하루 단위로 작게 나누어 정리하면 됩니다. '과목', '시간', '분량'을 원칙에 따라 빠짐없이 기록할 수 있도록 지도해주십시오.
한 주에 총 7쪽의 일일계획이 사용됩니다. 실제 사용에서 일주일치를 모두 세우는 것이 바람직하지만, 작성하는 것이 어렵게 느껴진다면 하루 단위로 전날에 계획할 수도 있습니다.

LAMP 학습 플래너 작성 연습

T1
30m

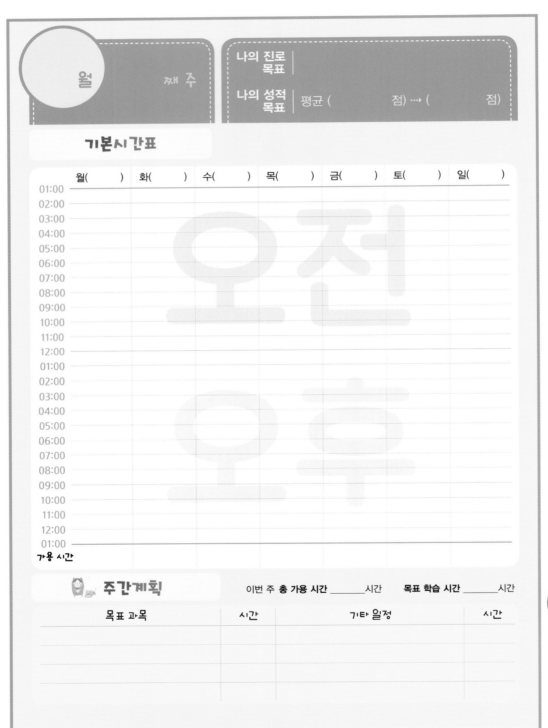

월	째 주

나의 진로 목표

나의 성적 목표 | 평균 (점) ⋯ (점)

기본시간표

	월( )	화( )	수( )	목( )	금( )	토( )	일( )
01:00							
02:00							
03:00							
04:00							
05:00							
06:00							
07:00							
08:00							
09:00							
10:00							
11:00							
12:00							
01:00							
02:00							
03:00							
04:00							
05:00							
06:00							
07:00							
08:00							
09:00							
10:00							
11:00							
12:00							
01:00							

가용 시간

 주간계획

이번 주 **총 가용 시간** _____ 시간   **목표 학습 시간** _____ 시간

T2
10m

목표 과목	시간	기타 일정	시간

월요일 | 월 일

- 목표와 주간계획을 확인했나요? ☐
- 오늘 해야 할 일을 우선순위에 따라 미리 결정했나요? ☐
- 공부에 방해되는 물건(컴퓨터, 만화책, 휴대폰 등)을 보이지 않게 치웠나요? ☐

1 | **할 일**(과목): | 시간: ( )시 ( )분 ~ ( )시 ( )분
확인 ○ △ ✕

2 | **할 일**(과목): | 시간: ( )시 ( )분 ~ ( )시 ( )분
확인 ○ △ ✕

3 | **할 일**(과목): | 시간: ( )시 ( )분 ~ ( )시 ( )분
확인 ○ △ ✕

4 | **할 일**(과목): | 시간: ( )시 ( )분 ~ ( )시 ( )분
확인 ○ △ ✕

5 | **할 일**(과목): | 시간: ( )시 ( )분 ~ ( )시 ( )분
확인 ○ △ ✕

6 | **할 일**(과목): | 시간: ( )시 ( )분 ~ ( )시 ( )분
확인 ○ △ ✕

7 | **할 일**(과목): | 시간: ( )시 ( )분 ~ ( )시 ( )분
확인 ○ △ ✕

메모 / 잡생각 휴지통 🗑

놀이 계획

하루 평가

😊 😐 😞

| **유의점** | 가능하면 일주일 단위로 계획을 세우도록 합니다.

플래너 점검

T4
5m

● 플래너 작성이 완료되었다면, 주변의 친구들과 바꾸어봅시다. 그리고 잘된 점과 보완해야 할 점이 있는지 점검해봅시다.

잘된 점	보완해야 할 점

> 보완해야 할 점을 확인한 후, 플래너에 적용해보세요.

플래너 작성

★ **기본시간표 그리기**

1. 이름, 날짜, 자신의 목표를 기록한다.

2. 고 정 적인 활 동 만 기록한다.

3. 테두리와 색을 사용해서 알아보기 쉽게 그린다.

4. 매일의 가 용 시간을 계산한다.

5. 목 표 학 습 시간을 계산한다. ▶ 가용시간의 20%

6. 골 든 타 임 을 결정한다.

★ **주간계획표 작성하기**

1. 목 표 과 목 을 기록한다.

2. 필요한 공 부 시 간 을 기록한다.

3. 잊지 말아야 할 숙제 및 기타 과목 공부를 기록한다.

★ **일일계획표**

1. 그 날 해야 할 공부에는 어떤 것이 있는지 적는다.

2. 해야 할 공부의 구 체 적 인 분량을 적는다.

3. 공부를 시작하고 끝내는 시간을 기록한다.

과 제

일주일 동안 시간관리 해보기

- 한 주 동안의 시간표를 작성하고, 실천해봅시다.
- 실천하면서 경험한 어려움들은 무엇이었는지 정리해서 오세요.

알뜰한 시간사용
노하우

실천력 향상 전략

◎ **목 표**　　계획표를 잘 만들기만 하면 저절로 지켜질 것이라 생각하는 경우를 흔히 볼 수 있는데, 계획을 세우는 것과 지키는 것은 별개의 일입니다. 물론 목표가 분명하고 실천의지가 강하면 더 잘 지킬 수는 있지만 적절한 방법이나 요령도 중요합니다. 더욱이 자신에게 꼭 맞는 방법을 찾기 위해서는 여러 가지 방법을 배우고 적용해보는 과정이 필요합니다. 이번 시간에는 학생들이 시간관리를 하면서 직접적으로 느낀 어려움을 자유롭게 공유하고 창의적인 해결책을 찾아낼 수 있도록 활발한 토론을 이끌어주십시오. 자신의 문제점을 지적받거나 혼나는 시간으로 느끼지 않도록 하는 것이 중요합니다.

소희는 매주 일요일 저녁마다 바쁩니다. 다음 한 주 동안의 공부 계획표를 작성하기 때문입니다. 누군가가 시키기 때문에 그런 것이 아니라, 소희 스스로 계획표를 세워서 생활하는 것이 더 좋다고 생각하기 때문에 매주 수고를 아끼지 않습니다. 부모님 역시 소희의 이런 모습을 기특해하셔서 칭찬도 많이 해주십니다.

그렇지만 한 가지 문제가 있습니다.

이렇게 매주 시간과 정성을 들여 계획표를 세우기는 하지만, 계획한 대로 실천하는 것이 만만치가 않기 때문이지요. 늘 마음을 다잡고 계획을 세우기는 하지만, 정작 지키려고 하면 갑자기 다른 일이 생기거나 시간이 모자라거나 하는 일이 생기곤 합니다.

어떻게 하면 소희가 공부 계획 세우기뿐 아니라 실천도 잘할 수 있을까요?

— 이런 경우, 계획 세운 것을 정기적으로 점검하고, 그 내용에 따라 다음 주 계획을 세우는 것이 필요합니다. 이번 시간에는 실천력을 향상시킬 수 있는 방법과 여가시간 및 토막시간의 활용법에 대해 다루겠습니다.

★ 이번 시간에 배울 내용

• 실천력을 높일 수 있는 방법에는 무엇이 있을까?
• 공부 계획표는 어떻게 점검할 수 있을까?
• 생활 속에 숨어 있는 토막시간을 어떻게 활용할 수 있을까?
• 공부 외 여가시간을 어떻게 효과적으로 활용할 수 있을까?

실천력을 높이려면?

| 목표 | 학생들 대부분은 시간관리를 해본 경험이 있을 것입니다. 이 부분에서는 예시를 통해 실천력 향상을 위해 어떤 방법이 좋을지, 그동안 실천력을 향상시키기 위해 어떤 방법들을 적용해봤는지 생각해보도록 합니다.

A1
10m

● 아래 글을 읽고 함께 생각해봅시다.

경현이의 별명은 지각대장입니다. 부모님께서 출근하시면서 깨워주시기는 하지만 곧 다시 잠들어버려서 지각하는 날이 부지기수입니다. 중학교 2학년이 되면서 좋아하는 친구와 같은 반이 된 경현이는 아영이에게 잘 보이기 위해서라도 다시는 지각을 하지 않겠다고 다짐하였습니다. '엄마가 깨우지 않아도 7시 30분에 혼자 일어나서 씻고 밥 먹고 8시 30분까지 학교에 가야지'라고 계획을 세우고 알람을 맞추고 잤지만 새 학기 첫날도 어김없이 경현이는 지각을 하였습니다.

그러던 어느 날 ＿＿＿＿＿＿＿＿＿＿＿＿＿＿ 하자, 경현이는 지각도 하지 않고 스스로 학교에 갈 수 있게 되었습니다.

● 경현이는 어떠한 방법으로 지각을 하지 않을 수 있었을까요?
만약, 나라면 어떤 방법을 이용할 수 있을까요? 가능한 방법들을 적어봅시다.

▶ 가능한 답변 예시
- 친구랑 약속해서 늦게 올 경우 벌금을 내기로 했다.
- 좋아하는 친구와 함께 가기로 약속했다.
- 일주일에 세 번 이상 지각하지 않을 경우 부모님으로부터 용돈을 더 받기로 했다.

> 마음을 먹고 실천을 한다는 것은 의 지 의 문제만이 아니라 적절한

  전   략 이나 요령이 필요합니다. 시간관리도 마찬가지입니다.

  시간관리를 위해 계획을 세우고 실천하기 위해서도 효과적인 전   략 을
  배우는 것이 중요합니다.

시간관리 실천력을 높일 수 있는 방법 –
계획표 점검하기

C1
10m

| **목 표** | 시간관리 실천력 향상을 위해 계획표 점검방법을 배우도록 합니다.

주기적으로 계획표를 점검하다 보면 내가 잘하는 점과 잘 못하는 점에 대해서 알 수 있게 됩니다. 이를 다음 계획표에 반영한다면 계획을 실천할 수 있는 가능성은 더욱 높아질 수 있습니다.

👆 계획표 점검하기 1단계   "계획표의 형식적인 측면 점검하기"

단계	내용	확인	
		아니다	그렇다
〈1단계〉 기본시간표	· 날짜, 자신의 목표를 기록했는가?	0	1
	· 고정된 활동만 기록되어 있는가?	0	1
	· 테두리와 색을 사용해서 알아보기 쉽게 그렸나?	0	1
	· 골든타임을 색칠했는가?	0	1
	· 가용시간은 정확히 계산되었는가?	0	1
	· 가용시간을 바탕으로 이번 주의 목표 학습 시간을 정했는가?	0	1
〈2단계〉 주간계획표	· 우선순위에 맞게 기록했는가?	0	1
	· 숙제 및 기타 공부를 기록했는가?	0	1
	· 각각의 공부시간을 적었는가?	0	1
	· 총공부시간이 목표시간과 같거나 많은가?	0	1
〈3단계〉 일일계획표	· 그날 해야 할 공부를 빠짐없이 기록했는가?	0	1
	· 기본시간표에 있는 골든타임 위주로 공부시간을 결정했는가?	0	1
	· 시작 시간과 끝 시간을 적었는가?	0	1
	· 구체적인 분량을 결정했는가?	0	1
	· 토막시간을 활용하기 위해 계획을 세웠는가?	0	1
	· 공부를 마친 후 하고 싶은 일들은 무엇이 있는지 기록했는가?	0	1

총 점수 :

잘된 점	개선해야 할 점

▶ 가능한 답변 예시
- 주간계획표와 일일계획표에 우선순위가 잘 반영되어 있어.
- 계획한 공부를 대부분 실천했어.
	▶ 가능한 답변 예시
	- 깜박하고 일일계획표를 미리 적어두지 않았어.
	  앞으로는 미리 적어둬야지.
	- 계획은 많이 세웠는데 지킨 게 별로 없네.
	  다음 주에는 70% 이상 성취할 수 있도록 노력하자.

| **유 의 점** | 계획표를 점검하는 목적은, 계획표를 얼마나 정확하게 작성했는지 확인하는 것입니다. 계획의 정확성은 실천도와 연결되는 것이므로 세심하고 꼼꼼하게 확인해야 합니다. 다만 시간관리 초반에는 점검 점수나 성취도 및 실제 공부시간이 낮을 수 있습니다. 이 부분에 대해 질책을 받게 되면 시간관리에 대한 흥미를 잃을 수 있으므로, 처음에는 누구나 그럴 수 있다는 점과 앞으로의 실천으로 더 나아질 수 있다는 점을 강조해주시기 바랍니다.

✌ 계획표 점검하기 2단계   "계획표의 내용적인 측면 점검하기"

● **성취도 계산하기**

계획을 세우는 것보다 더 중요한 것은 실천하는 것입니다. 한 주에 내가 계획한 것들을 지킨 정도를 성취도라고 하며, 일일계획표를 가지고 계산합니다. 계산식은 다음과 같습니다.

$$\frac{\text{실제로 지킨 일일계획의 개수}}{\text{이번 주 전체 일일계획의 개수}} \times 100(\%)$$

➤ 이번 주 나의 성취도 : _____ %

➤ 다음 주 성취도 목표 : _____ %

● **실제 공부시간 계산하기**

실제 공부시간은 학습량의 가장 대표적인 지표입니다. 아래와 같은 방법으로 구할 수 있으며 실제적인 학습 시간의 양이 얼마나 늘고 있는지를 볼 수 있습니다.

실제 공부시간 = 한 주간 실제로 지킨 일일계획 시간의 전체 합
(주의! 실천하지 않은 계획표의 시간은 빼야 합니다.)

➤ 이번 주 나의 실제 공부시간 : _____ 시간 _____ 분

➤ 다음 주 공부시간 목표 : _____ 시간 _____ 분

● 성취도와 실제 공부시간을 그래프에 표시하기

앞에서 계산한 성취도와 실제 공부시간을 플래너 앞부분에 있는 성취도 그래프에 한 눈에 잘 보이도록 표시해봅시다. 그래프는 눈에 잘 보이는 곳에 붙여두고 매주 표시 하도록 합니다.

다음은 플래너 앞부분에 있는 그래프에 표시한 예시입니다.

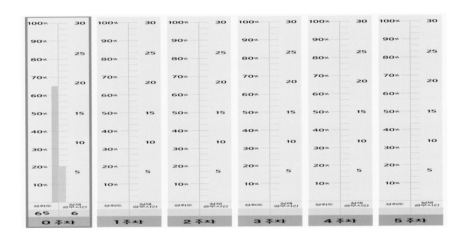

제시된 형식 외에도 나에게 맞는 그래프를 만들어 사용할 수도 있습니다.
아래는 다른 양식의 그래프를 사용한 예시입니다.

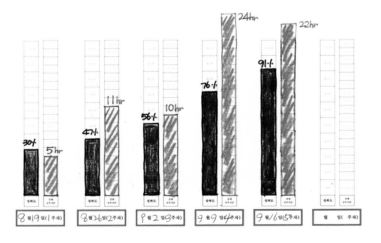

| 유 의 점 | 성취도와 실제 공부시간을 그래프에 기록하는 것은, '현행시측 목표'에서 '측'에 해당됩니다.
마치 운동선수가 매일의 연습량이나 시간 등을 기록하듯, 자신의 시간관리 실천 정도를 꼼꼼히 점검한 뒤 기록하는 것과 같습니다.
이처럼 자신이 실천한 바를 시각적으로 표현하다 보면 다음에는 더 잘하고자 하는 의지를 갖게 됩니다.

계획표 점검하기 3단계   "시간관리를 하면서 어려웠던 점 토론하기"

계획표를 만드는 일과 지키는 일은 별개입니다. 계획표를 세우는 것보다는 그것을 지키는 것이 더 어려운 일이며, 실천을 위해서는 마음가짐뿐 아니라 적절한 방법과 요령도 중요합니다.

● **내가 시간관리를 하면서 어려웠던 점을 3가지 적어보세요.**

> 1.   계획 세우는 것을 까먹는다.
>
> 2.   계획을 세워도 제대로 지키지 않고 미루게 된다.
>
> 3.   무리한 계획을 세우게 된다.

● **이번에는 주변 친구들과 상의하여 시간관리를 하면서 공통으로 경험했던 어려웠던 점 2가지를 적고, 각각에 대한 해결방법을 찾아봅시다.**

> • 어려웠던 점 : _____
>
> > 해결방법은?
>
>
> • 어려웠던 점 : _____
>
> > 해결방법은?

tip 조별로 토론을 한 후, 전체 학생들과 함께 의견을 비교해보는 것도 도움이 됩니다.

| 유 의 점 | 학생들이 자신의 생각을 자유롭게 발표하고 토론하는 과정에서 가장 현실적이고 즉각 적용해볼 수 있는 방법들을 찾을 수 있도록 지도해주시기 바랍니다.

효과적인 실천전략

| **목 표** | 실천력을 향상시킬 수 있는 다양한 방법을 생각해보도록 합니다.

● 효과적인 실천전략이란?

다음 중 효과적인 실천전략을 잘 알고 있는 학생은 누구일까요?
왜 그렇게 생각하나요?

준이는 평일에는
저녁 8~9시에
집중이 잘됩니다.
그래서 이 시간을
중심으로 계획을 세우기로 했습니다.

이른 아침? 학교? 집? 혼자 있을 때? 등 집중이 잘되는 시간대, 장소, 환경을 중심으로 계획을 세운다면 실력력의 증가뿐 아니라 공부의 효율성도 높아질 수 있을 것입니다.

윤주는 매달 자신의
계획을 가족들에게
공개합니다.

속으로 다짐하는 것보다 '내일부터 반드시 2시간씩 복습을 하겠습니다'라고 계획을 공개하는 것이 실천 가능성을 높여줍니다. 특히 잘 보이고 싶은 사람이나 체면을 지켜야 하는 사람 앞에서는 더욱 자기 말에 책임지려고 하기 때문에 이들에게 공개적으로 선언하는 것이 좋습니다.

찬우는 앉은 자리에서
한 번에 끝내는 것이
좋다고 생각하기
때문에 적어도
2시간 이상으로
계획을 세웁니다.

보통 집중할 수 있는 시간은 연령마다 다르지만 보통 40분 정도입니다. 따라서 2시간 이상으로 계획을 세우기보다는 집중 가능한 시간에 맞게 적절한 시간 단위로 계획을 세우는 것이 좋습니다.

동수는 평소 자기가
실천한 것과
그렇지 않은 것을
체크합니다.

누군가 행동을 관찰하거나 기록하기만 해도 사람들의 행동이 달라지는데, 이를 '반응성 효과(Reactive Effect)'라고 하고, 자신의 행동을 관찰하고 기록하여 행동을 수정하는 기법을 '자기감찰기법'이라고 합니다. 행동관찰 자체가 행동을 좋은 방향으로 변화시키는 경향이 있으며, 관찰 결과는 피드백이나 보상의 효과로 작용합니다.

민재는 계획표를 잘 실천하면
그냥 넘어가지만, 제대로
지키지 않았을 경우에는
스스로에게 벌을 주기로
했습니다.

자신을 변화시킬 수 있는 강력한 방법으로 자기보상과 자기처벌이 있습니다. 자기보상은 계획대로 했을 경우, 사고 싶은 물건을 사거나, 하고 싶었던 일을 보상으로 주는 것입니다. 자기처벌 역시 미루기를 막는 방법의 하나로, 계획한 일을 마감시간 내에 끝내지 못할 경우 평소에 즐기는 일을 하지 않거나 싫어하는 일(예: 청소)을 하는 것입니다. 민재처럼 자기처벌만 하는 경우는 지치기 쉽기 때문에, 자기보상을 함께 해주는 것이 바람직합니다.

혜리는 계획표를 세우면서
실패할 수 있는 모든
가능성에 대해 미리
생각합니다.

'결과가 안 좋으면 어떡하지?'와 같이 아직 일어나지 않은 결과에 대해 부정적인 예측을 하는 것 자체가 실패를 만드는 경우가 있습니다. 현재에 초점을 맞추고 목표에 이를 수 있는 첫 번째 긍정적인 단계가 무엇인지 생각하는 것이 좋습니다.

* **정답 :** 준이, 윤주, 동수

● 아래에 제시되는 몇 가지 방법들은 간단하면서도 실천도를 높이는 효과적인 전략들입니다.

실천도를 높이는 전략

- 계획표를 눈에 잘 보이는 곳에 붙여 놓는다.
- 계획을 세웠음을 주변 사람들에게 알린다.
- 하루 전에 내일 해야 할 일들을 미리 정해 놓는다.
- 먼저 숙제와 공부를 한 다음 논다.
- 계획을 세울 때는 되도록 분량을 작게 나누어 세운다.
- 계획표를 잘 지켰을 때에는 자신에게 상을 준다.

● 앞에서 배운 내용들을 참고하여 나에게 가장 적당한 방법들을 생각해보고 빈칸에 적어 봅시다.

> ▶ 가능한 답변 예시
> - 계획표를 책상 앞에 붙여 둔다.
> - 서로의 계획표를 점검할 수 있도록 친한 친구와 함께 시간관리를 한다.

| 유 의 점 | 그동안 배운 내용을 바탕으로, 시간관리에서의 어려움에 효과적으로 대처할 수 있는 방안을 생각해볼 수 있도록 지도해주십시오.
적는 것에 그치는 것이 아니라, 실제로 어려운 점에 대해 여기서 배운 방법들을 적용해볼 수 있도록 격려해주십시오.

C5
5m

● 성공적인 시간관리를 위한 주의사항

내가 세운 계획표를 실천하여 시간관리를 제대로 한다는 것은 어려운 일입니다. 처음에는 내 마음처럼 잘 안되고 시간관리에 실패하기도 쉽지만, 중요한 것은 쉽게 좌절하거나 포기하지 않고 꾸준하게 시간관리를 실천해보는 것입니다.

다음은 성공적인 시간관리를 위해 명심해야 할 사항들입니다.

> 시간관리를 실패하는 대부분의 원인은 무 리 한 계획 때문이다.
처음부터 욕심부리지 않는다.

> 실 패 는 당연한 것이다.
다만 어떻게 하면 성공할 수 있을지 늘 고민한다.

> 놀 이 와 휴 식 시간도 미리 계획한다.
그러기 위해서 평소 시간을 아껴서 사용해야 한다.

> 계획표는 적어도 하 루 전에 만들어야 한다.

> 적어도 3 개월 정도는 사용해야 시간관리가 습관으로 자리 잡는다.

| 유 의 점 | 방법을 배웠다고 해서 하루아침에 습관을 바꾸는 것은 결코 쉬운 일이 아닙니다. 시간관리를 위한 유의사항들을 미리 인식하고 있다면 습관을 형성하는 과정에서 지치지 않고 성공적으로 시간관리를 하는 데 도움이 될 수 있을 것입니다.

토막시간 활용하기

│ 목 표 │ 토막시간의 의미를 알고, 이를 활용해보도록 합니다. 자투리 천처럼 쓸모없는 것들이 모이다 보면 의외로 쓰임새와
효용성이 생기게 됩니다. 시간도 마찬가지로 하루를 살다 보면 특별히 활용하지 못하는 짧은 시간들이 많이 있으며,
이를 잘 모아서 활용하면 놀라운 힘을 발휘할 수 있습니다.

C6
10m

● 토막시간의 의미

옷감을 가지고 재단을 하다 보면 남는 끝 부분의 천을 '자
투리 천'이라고 합니다. 사실 자투리 천만 가지고서는 별
소용이 없지만 이것들을 모아서 예쁜 조각보, 옷, 가방 등
을 만들 수 있습니다.
이처럼 별 쓸모없는 것들을 모아 좋은 결과를 낼 수 있는
것으로 어떤 것들이 있을까요?

▶ **가능한 답변 예시:** 병뚜껑을 모아서 만든 미술작품

● 다음의 사례를 읽어봅시다.

하늘이는 남들보다 뚱뚱한 몸이 늘 고민입니다. 늘 다이어트를 하겠다는
결심을 하고 운동을 하겠다는 목표를 세우지만, 학교, 학원 수업을 마치
고 집으로 돌아오며 '시간이 없으니까 운동은 못해.'라고 스스로에게 말
했습니다. 어느 날, 30분씩 출퇴근길을 걸어 다니는 언니를 보며, 하늘이
는 자신도 학교를 오갈 때 30분씩 걸어 다녀야겠다고 다짐을 했습니다.
그 후 비가 와도, 귀찮아도 늘 등하교 길을 걸어 다녔고, 3개월간 목표했
던 체중을 감량할 수 있었습니다. 하늘이는 늘 30분 이상 소요되던 통학
시간을 자신만의 운동시간으로 만들어 목표를 달성한 것입니다.

하루를 살다 보면 어떤 일과 일 사이에 내가 특별히 활용하지 못하는 짧은 시간들이
많이 있는데, 이를 '토막시간'이라고 합니다. 이 시간들을 모아서 활용하면 놀라운 힘
을 발휘하게 됩니다. 여러분들도 하늘이처럼 틈틈이 남는 시간을 활용해서 원하는
결과를 만들어 낸 경험이 있나요?

▶ **가능한 답변 예시:** 등교시간을 운동시간으로 생각하고 걸어 다니며 3개월간 체중감량

나의 토막시간 찾아보기

● 나의 토막시간 찾아보기

토막시간의 양은 사람마다 다르지만 바쁜 우리에게 쓸 만한 시간들이 숨어 있다는 것은 꽤 기분 좋은 일이지요. 그리고 이 중 일부를 중요한 일에 사용한다면, 그만큼 자유시간도 늘어나게 된답니다.

우리에게는 얼마만큼의 토막시간들이 있는지 생각해 봅시다.

토막시간의 종류	하루 평균 시간	
· 학교 쉬는 시간		분
· 점심 식사 후 남는 시간		분
· 통학 시간		분
· 친구 기다리는 시간		분
· 그 외 :		분
· 그 외 :		분
하루 총 토막시간 :	분 (시간 분)	

● 토막시간 활용 방법

토막시간을 계산해보니 어떤가요? 생각보다 꽤 많은 시간들이 숨어 있지요? 토막시간들은 모두 이어 붙일 수 없기 때문에 조금 다른 시간 활용법을 찾아봐야 합니다. 효과적으로 토막시간을 사용할 수 있는 방법을 생각해봅시다.

ex 수학 공식 암기하기 / 영어 MP3 파일 듣기

▶ **가능한 답변 예시**
- 그날 들었던 수업 간단히 복습하기(교과서나 노트 훑어보기)
- 좋아하는 책을 읽거나 신문 읽기

유의점　토막시간을 잘 활용하는 것은 시간관리에 있어 비교적 고급과정에 해당됩니다. 즉, 시간관리가 잘되고 있지 않은 상황에서 토막시간만을 잘 활용하는 것은 별로 의미가 없습니다. 학생들에게도 이 점을 잘 인식시켜 주시기 바랍니다.

여가시간 활용하기

| **목표** | 여가시간의 중요성을 알고 여가활동을 계획해보도록 합니다.

● 여가시간(휴식과 놀이)의 중요성

시간관리에서 가장 중요한 것은, 나의 공부 목표를 이루기 위해 효율적으로 시간을 사용하는 것입니다. 그래서 미리 계획표도 짜고, 얼마나 실천했는지 점검도 합니다. 그렇지만 계속해서 공부만 하는 것은 불가능한 일입니다. 적당한 휴식과 놀이 역시 공부만큼 중요하고 필요한 일이며, 어떤 면에서는 공부의 연장으로도 볼 수 있습니다.

그렇다면, 잘 쉬고 잘 노는 것이 공부에 어떻게 도움이 될 수 있는지에 대해 생각해봅시다.

> **ex** 스트레스가 해소된다. 그래서 더 집중해서 공부할 수 있다.

● 여가시간에 할 활동 계획하기

무엇을 해야 여가시간을 즐겁게 보낼 수 있을까요? 혹시 컴퓨터 게임이나 TV 보기를 생각했나요? 물론 이것도 좋은 놀이이기는 하지만, 심리학자들의 연구 결과에 따르면 지나친 TV 보기나 게임은 오히려 우울한 기분을 일으켜 공부에 방해가 된다고 합니다.

늘 하는 놀이 말고, 기분 전환에 도움이 될 만한 활동에는 무엇이 있을지 생각해봅시다.

> **ex** 강아지랑 산책하기, 친구들과 운동하기

| **유의점** | 적당하게 쉬고 노는 것이 생활에 활력을 주고 공부에도 도움이 된다는 점을 이해할 수 있도록 설명해주셔야 합니다.
공부만 하거나 놀기만 하는 것은 매우 비생산적입니다. 공부와 놀이/휴식 사이에 적당한 균형을 이루도록 하는 것이 중요합니다.

여가활동 목록 만들기

T2
10m

 여가활동 목록을 공개합니다!

● 아래에 나와 있는 여러 여가 활동들을 천천히 살펴본 뒤, 나에게 가장 적당할 것 같은 활동을 몇 가지 골라 봅시다.

항목	√표		항목	√표
· 반신욕하기			· 봉사활동하기	
· 물건 수집하기(동전, 우표...)			· 운동하기	
· 미래 상상하기			· 노래하기	
· 오래된 물건 정리하기			· 종교활동하기	
· 영화 보기			· 십자말 풀이하기	
· 조깅이나 걷기			· 그림 그리기	
· 음악 듣기			· 자신의 장점 생각해보기	
· 라디오 듣기			· 악기 연주하기	
· 사진 보기			· 누군가에게 줄 선물 만들기	
· 잡지나 신문 보기			· 책 읽기	
· 취미활동하기			· 자전거 타기	
· 요리해서 먹기			· 스포츠 관람하기	
· 집안 청소하기			· 사진 찍기	
· 식물 가꾸기			· 애완동물과 놀아주기	
· 연기하기			· 행복했던 일 기억하기	
· 춤추기			· 카드놀이	

> 나에게 적당한 여가활동은?

> 반신욕하기, 자전거 타기

> 그 활동을 구체적으로 언제, 어떻게 할까?

> 반신욕하기 : 주말 저녁에 20분씩! / 자전거 타기 : 수요일 오후에 1시간씩!

시간관리 방법 전체 복습

★ 시간은 눈에 보이지는 않지만, 돈이나 천연자원과 같은 경제적 가 치 를 가지고 있습니다. 하지만 시간이라는 자원은 다른 자원과 달리 저 장 을 할 수 없습니다.

★ 시간을 관 리 하게 되면, 해보기 전에는 경험할 수 없는 여러 가지 실제적인 장점이 있습니다. 성공적인 시간관리를 위해서는 먼저 현재 자신의 상태를 파악하는 것이 중요합니다.

★ 시간관리를 잘하려면 행동으로 옮길 수 있는 명백한 목 표 가 있어야 합니다.

★ 우선순위를 고려해서 할 일 목록(to-do list)을 만들면, 시간을 더 효율적으로 사용할 수 있고 나에게 중요한 공부를 놓치지 않고 할 수 있습니다.

★ 하루 일과 중 적지 않은 토막시간이 있습니다.
토막시간을 요령껏 사용하면 자 유 시 간 이 늘어납니다.

★ 계획표를 실천하는 능력은 의지와 동기에만 좌우되지 않습니다.
나만의 효과적인 전 략 을 개발해야 합니다.

일주일간 공부 계획표 실천하고 점검하기

– 한 주 동안의 계획표를 작성하고 실천한 뒤, 이를 점검해봅시다.

▶ 한 주 동안의 주된 공부 계획은?

▶ 성취도는 몇 %인가요?

%

▶ 일주일간 실제 공부시간은 얼마나 되나요?

시간 분

▶ 계획표를 실천하면서 잘했거나 아쉬웠던 점은?

여가시간 활용 계획 세우기

▶ 이번 주에 해보고 싶은 즐거운 활동은 무엇인가요?

▶ 그 활동은 언제, 어떻게 할 생각인가요? 구체적으로 적어봅시다.

코넬노트

핵심단어   수업내용 정리

핵심단어	수업내용 정리

핵심단어	수업내용 정리

핵심단어	수업내용 정리

핵심단어	수업내용 정리

핵심단어	수업내용 정리

박동혁

심리학박사

현) 아주대학교 교육대학원 겸임교수

　　원광디지털대학 심리학과 초빙교수

– 아주학습능력개발연구실(ALADiN)

– 강남삼성의료원 정신과 인턴

– MBC 자기주도학습캠프

– 한국산업기술재단 연구기획위원회 자문위원

– 서울시 교육청 자기주도학습 프로그램 효과 검증

– 심리학습센터 '마음과배움' 소장

– 허그맘 심리상담센터 대표원장

〈저서 및 연구〉

『최강공부법』(웅진씽크하우스, 2006)

『좋은 공부습관 만들기 워크북』(KPTI)

램프학습플래너(EBS)

MLST 학습전략검사(가이던스)

AMHI 청소년인성건강검사(가이던스)

KMDT 진로진학 진단검사(진학사)

LMDT 학습동기검사(진학사)

「학습습관향상 프로그램이 청소년의 학업성취와 정신건강에 미치는 효과」(2000)

「청소년 정신건강의 사회적 요인」(2002)

「대학생 시간관리 행동 척도의 개발과 타당화」(2006)

「예방과 촉진을 위한 청소년 정신건강 모형의 탐색」(2007)

LAMP WORKBOOK
PART 2 TE
시간관리 능력 향상프로그램 (교사용)

2014년 5월 15일 1판 1쇄 발행
2022년 5월 30일 1판 4쇄 발행

지은이 • 박 동 혁
펴낸이 • 김 진 환
펴낸곳 • (주) **학지사**
　　　　　04031 서울특별시 마포구 양화로 15길 20 마인드월드빌딩 5층
대표전화 • 02) 330-5114　　　팩스 • 02) 324-2345
등록번호 • 제313-2006-000265호
홈페이지 • http://www.hakjisa.co.kr
페이스북 • https://www.facebook.com/hakjisabook

ISBN 978-89-997-0404-8 04370
　　　　978-89-997-0401-7 (set)

정가 **12,000원**

이 도서의 국립중앙도서관 출판시도서목록(CIP)은 서지정보유통지원시스템
홈페이지(http://seoji.nl.go.kr)와 국가자료공동목록시스템(http://www.nl.go.kr/kolisnet)
에서 이용하실 수 있습니다.
(CIP제어번호: CIP2014014434)

출판 · 교육 · 미디어기업 **학지사**

간호보건의학출판 **학지사메디컬** www.hakjisamd.co.kr
심리검사연구소 **인싸이트** www.inpsyt.co.kr
학술논문서비스 **뉴논문** www.newnonmun.com
원격교육연수원 **카운피아** www.counpia.com